Hans-Dieter Schütt

Rot und Weiß

Gespräche mit Moritz Mebel

MORITZ MEBEL, geboren 1923 in Erfurt, Emigration nach Moskau, Karl-Liebknecht-Schule, später Medizinstudium am 1. Medizinischen Institut in Moskau, 1941 bis 1945 Kriegsdienst in der Roten Armee, Offizier der Sowjetischen Militäradministration (SMAD) in Halle und Merseburg, arbeitete als Arzt in der Sowjetunion und kam 1958 in die DDR. 1960 bis 1981 Leiter der Urologie im Krankenhaus Friedrichshain, 1981 bis 1988 Chef der Urologischen Klinik der Charité. Mebel war bis 1989 Mitglied des ZK der SED und Vorsitzender des Komitees »Ärzte der DDR zur Verhütung eines Nuklearkrieges«.

HANS-DIETER SCHÜTT, Jahrgang 1948, ist Theaterwissenschaftler, er arbeitet als Publizist in Berlin. Bis 1989 Chefredakteur der FDJ-Zeitung »Junge Welt«. Im Dietz Verlag erschienen Interviewbücher mit Regine Hildebrandt, Anna Rosmus, Peter-Michael Diestel, Sahra Wagenknecht, Frank Castorf, Gisela Oechelhaeuser und Alfred Hrdlicka sowie »Protokolle der Besessenheit – 13 Versuche, glücklich zu sein«.

Hans-Dieter Schütt

Rot und Weiß

Gespräche mit Moritz Mebel

Karl Dietz Verlag Berlin

Die Deutsche Bibliothek – CIP-Einheitsaufnahme

Schütt, Hans-Dieter:
Rot und Weiß : Gespräche mit Moritz Mebel /
Hans-Dieter Schütt. – Berlin : Dietz, 1999

ISBN 3-320-01970-8

Typographie: Brigitte Bachmann
Umschlag: Trialon, Berlin (Foto privat)
Satz: MediaService, Berlin
Druck und Bindearbeit: Wiener Verlag GmbH, Himberg
Printed in Austria

INHALT

Ich bin ein Zeitzeuge und gebe diese Interviews,
damit ihr – Laura, Tino, Annele und lieber Jens –
wißt, woher ich gekommen und
welchen Weg ich gegangen bin.

MORITZ MEBEL

VORBEMERKUNG

I. Von Deutschland nach Deutschland. Ein Lebenslauf im Kreis. Aber es ist der Weltenkreis, der Kreis, in dem sich dies Jahrhundert drehte.

II. Moritz Mebel, der jüdische Junge aus Erfurt, wird mit seinen Eltern von Hitler aus Deutschland gejagt. Der Krieg treibt den freiwilligen deutschen Soldaten der Roten Armee vier furchtbare Jahre vorwärts, vorwärts, nur vorwärts. Bis nach Deutschland. Mebel bleibt nicht, er kehrt zurück nach Moskau, studiert, wird Arzt – und eines Tages DDR-Bürger. Einer der bekanntesten Urologen im Krankenhaus Friedrichshain, der Charité, des ganzen Landes. Kandidat und Mitglied des Zentralkomitees der SED. Das Gremium, in dem der als aufbrausend bekannte das Schweigen lernt. Bis der gesamte Staat ins Schweigen der Geschichte fällt. Nun lebt der Arzt und Wissenschaftler, im achten Jahrzehnt seines Daseins, in einem Deutschland, das ihm fremd bleibt. Und er hat das Empfinden, ihn hole eine Vergangenheit ein, die zu bekämpfen sein Lebensziel war. Mebel ist Kommunist. Geworden und geblieben. Ausgesetzt seinem Naturell, deutlich und vernehmbar einen Standpunkt einzunehmen.

Auf der einen Seite steht die große Lebensleistung – viel Dank, viel Ehr' – und auf der anderen die Distanz einiger, die dort, wo Mebel arbeitete, von »Roter Klinik« sprachen. Der Weißhaarige nimmt es gelassen hin. Menschen mit Programm und Prinzipien müssen mit dem unbequemen Privileg der Polarisierung zurechtkommen. Er weiß um seinen Streitwert, und von seinen Mitarbeitern hat er stets viel gefordert. Auch: »Loyalität gegenüber der DDR«.

1994 schreibt er in sein Tagebuch: »Die Schlammschlacht an

der Charité schmerzt mich. Sie wurde initiiert und maßgeblich geführt von einem Dekan, der – natürlich – in der DDR ein Widerstandskämpfer war. Diesem Unterdrückten habe ich geholfen zu habilitieren (seine Dankesbriefe habe ich noch!), er wurde bei uns Professor, Mitglied des Fakultätsrates. Sein unerträgliches Verhalten war für mich Veranlassung, im Februar 1991 meine Räume in der Charité, die mir als Emeritus zustanden, zu verlassen.«

III. Mebel wohnt mit seiner Frau Sonja, auch sie ist Ärztin, in Berlin Mitte (die Tochter Laura ist studierte Juristin). Das erste, was man von der Wohnung sieht: eine schwere Sicherheitstür mit mehreren Schlössern. Beleg eines Lebensgefühls in unsicher und kalt gewordener Welt. Drinnen aber wird es sofort russisch warm. Kein Willkommensgruß, ehe nicht die Schwelle überschritten ist. Blumen auf den Tischen. Die Wände des Wohnzimmers, das eine Schiebetür teilt, sind gelb und blau gestrichen. Russisch eben. Fehlt nur noch der Samowar. Die Bilder: Goldener Herbst, Birken, Schneelandschaften. Der Fensterblick geht, übers Wasser der Spree, hinüber auf die Hochhäuser der Fischerinsel. Aber Moskau ist wohl, so scheint es, weit näher.

IV. Mebels Biographie erzählt von diesem Jahrhundert. Der Arzt fürchtet, daß das, was er und seine Generation im schrecklichsten Krieg der Menschheitsgeschichte erleben mußten, bald dem Vergessen anheimgegeben ist. Er weiß um eine innere Pflicht der Zeitzeugenschaft. Er weiß ebenso, daß Geschichtsschreibung eine Sache der politischen Interessenlagen und Kräfteverhältnisse ist. Deshalb willigt er in diese Interviews ein, die eine Initiative des Verlegers Rudi Chowanetz sind. Er ist ein sehr sorgsamer Erinnerer. Immer wieder ruft er sich selber zur Ordnung, will sich eher mäßigend als emotional hören, leitet das Erzählerische, in einer Art Vorsichtsmaßnahme, oft in den Bericht ab. »Ich will jetzt nicht fabulieren ...« gerät zu einem der häufigsten Einschübe unserer Zusammenkünfte.

V. Gespräche mit Mebel – dies ist für mich auch ein Nachdenken über Fanal und Fluch des Fortschritts.

Als Zeus den Menschen das Feuer vorenthielt, entwendete es

Prometheus den Göttern und brachte es auf die Erde. Damit begann nach Äschylos die Geschichte des Fortschritts, freilich nicht die Geschichte der Entwicklung des menschlichen Erfindungsgeistes in voller Harmonie mit dem »Göttlichen«. Dieses Feuer ist vielmehr Symbole des Erkenntnistriebes, der uns immer mehr bis über die Grenzen unserer Vorstellungen und des scheinbar Möglichen hinaustreibt.

Die Götter fesselten Prometheus zur Strafe an einen Felsen im Kaukasus. Otto Hahn, der uns die Kernspaltung brachte, wurde von den Göttern nicht an einen Felsen gekettet. Er wurde von den Menschen mit dem Nobelpreis geehrt und starb eines natürlichen Todes.

Der Glaube an den Fortschritt rechtfertigt sowohl Prometheus, Otto Hahn, die Astronauten, die zum Mond flogen, und Christian Barnard, der das erste Herz transplantierte. In der Medizin hat der technische Fortschritt in den vergangenen dreißig Jahren ungeahnte Erfolge gebracht. Im Jahre 1896 führte Rehn die erste Operation am schlagenden Herzen durch. 1955 gelang Gibbon in Amerika die erste Operation am ausgeschalteten Herzen mit Hilfe der Herz-Lungen-Maschine, und 1967 führte Barnard in Kapstadt die erste Herztransplantation durch. Zwischen diesen Meilensteinen der Chirurgie liegt die Entwicklung der modernen Anästhesie, Biochemie, der Röntgenologie, Nuklearmedizin und Immunologie.

Aber die Zeiten, in denen sich Wissenschaft und Philosophie gegenseitig befruchteten, sind seit den großen Entdeckungen von Kepler und Galilei, Newton und Leibniz graue Vergangenheit. Skeptiker werfen der Medizin vor, daß sie Krankheiten und Symptome behandelt, nicht aber den kranken Menschen. Sie sei zu einer Reparaturmedizin geworden und habe die anthropologische Ganzheitsmedizin verlassen. Die scheinbare Unbegrenztheit dieses Fortschreitens verhilft den einen zum Glauben an den Fortschritt, den anderen zu der erschreckenden Erkenntnis, daß die Bevormundung des Geistes durch das Prinzip des Machbaren in der Katastrophe enden muß. Wir sind an die Grenzen des Fortschritts gestoßen. Wir befinden uns in einem Vakuum zwischen Rationalität und der irrationalen Hoffnung auf eine Veränderung der Lebenswelt.

Die viel beklagte »Vertrauenskrise des Krankenhauses«, so der Schweizer Autor Kurt Marti, spiegelt das Dilemma wieder, in der sich die gegenwärtige Gesellschaft befindet. Die Pflegenden in einem Krankenhaus sind wir selber: Der jungen Krankenschwester wird, bevor sie die ersten Schritte in diese ihr noch fremde Berufswelt tut, lediglich eine weiße Bekleidung und der Tarifvertrag mitgegeben. Das Buch Hiob oder die Geschichte vom Lazarus gehören nicht zu ihrem geistigen Gepäck.

Die Beschreibung des inhumanen Krankenhauses gipfelt in den Beschreibungen der Einsamkeit in den Medizinfabriken, der technischen Perversion der Medizin. Ein namhafter Medizinjournalist und Kritiker beschreibt das Krankenhaus als den Ort, in dem das Selbstwertgefühl und das Selbstvertrauen geschwächt würde. Statt ihm in seiner Not zu helfen, entzöge es dem Kranken den letzten Rest menschlicher Zuwendung, der Körper würde mißhandelt, die Seele ruiniert.

Auch ein Arzt und eine Schwester sind einsam, wenn es um schwierige Entscheidungen geht oder um die Konfrontation mit dem Sterben. Achtzig Prozent aller Menschen sterben heute in einem Krankenhaus. Für viele Menschen in der Gesellschaft sind Sterben und Tod tabu. Arzt und Pflegende erleben das Sterben aus nächster Nähe und fürchten sich.

Der Dualismus von Fortschritt und Geist wird zum zentralen Problem auch der heutigen Medizin. Die große Herausforderung besteht darin, daß die geistigen Kräfte das Diktat über die Technik übernehmen müssen, wenn Ärzte unabhängige Entscheidungen treffen wollen.

Die entscheidenden Fragen lauten: Was können wir tun? Was dürfen wir tun?

VI. Die Gespräche mit Prof. Moritz Mebel fanden 1997/98 statt. Ich danke Rudi Chowanetz für den Anstoß zu diesem Buch, Christine Krauss für die geduldige Unterstützung sowie Irka und Hannes Braun, wie immer, für Unterkunft in Ramsau am Dachstein, damit diese Interviews in Ruhe aufgeschrieben werden konnten.

Hans-Dieter Schütt
Berlin, im März 1999

»Du bist nicht aufgeregt?
Dann leg schleunigst
das Messer aus der Hand!«

Das erste Gespräch

über

Die längste Operation
Die weiße Wolke jeden Freitag
Lüge und Wahrheit am Krankenbett
Gesundheit als Ware
Tod und Hoffnung
Einstand mit einer Kremtorte in Estland
Die Nierentransplantation in der DDR
Premiere mit der Niere einer Mutter
Ratschläge von Professor Frumkin

Das Leben entsteht aus dem Tod.
Unser Können ist größer als
unser Verstehen.

RENÈ LERICHE

HANS-DIETER SCHÜTT: »Alt sein ist eine herrliche Sache, wenn man nicht verlernt hat, was wieder anfangen heißt.« Sagt der Theologe Martin Buber. Welche Wünsche, Professor Mebel, haben Sie für das Alter?

MORITZ MEBEL: Wenn Sie mit einem Zitat beginnnen, so gestatten Sie mir als Erwiderung ebenfalls eins: »Man wird alt, gut, daran ändern wir nichts. Aber, worauf es ankommt, ist, daß die Dinge einem neu bleiben und daß man sich eigentlich an nichts gewöhnt.« Thomas Mann. Er bestätigt Buber, aber was beide verlangen, ist freilich eine äußerst schwierige Aufgabe. Und was meine Wünsche betrifft: Vielleicht sind sie inzwischen weniger selbstbezogen. Das Ich spielt keine so große Rolle mehr, wenn die verbleibende Zeit wirklich nur noch sehr begrenzt ist. Ich überdenke meine vergangenen Jahre, versuche nach wie vor, bewußt in der Gegenwart zu leben, auch wenn mir das mitunter schwerfällt – und ich denke an die Zukunft, mit allen guten Wünschen für meine Kinder und Enkel, und nicht nur für sie.

HANS-DIETER SCHÜTT: Und wovor haben Sie Angst?

MORITZ MEBEL: Ehrlich gesagt: vor Altersstarrsinn. Ich bilde mir ein, noch lernfähig zu sein, eigene Positionen überdenken zu können – aber wie es wirklich um einen bestellt ist, merkt man selbst ja nicht. Jedenfalls meistens nicht. Also: Wenn man nicht sklerotisch wird, wird man mit dem Alter zum Glück ein wenig gelassener – aber zugleich auch in manchen Fragen intoleranter. Denn: Man hat nicht mehr viel Zeit. Man will Dinge für sich selbst auf einen gültigen Punkt bringen. Das verleitet nicht selten zu Absolutheiten – die man sich doch eigentlich abgewöhnen wollte. Insofern spüre ich noch immer Spannung, und vielleicht ist das mein Wunsch fürs Alter: daß ich so lange wie möglich mit dieser Spannung zwischen Gelassenheit und dennoch trotziger Behauptung meiner Erfahrungen und Ansichten leben kann.

HANS-DIETER SCHÜTT: Sie waren ein erfolgreicher Arzt. Erfolg und Anerkennung sind etwas Wichtiges im Leben. Wie schwer fiel es Ihnen, mit dem Praktizieren aufzuhören? Zu akzeptieren, daß alles seine Zeit hat, auch der Erfolg, auch die Anerkennung.

MORITZ MEBEL: Aufhören zu können, ist eine Frage der Selbstbeherrschung. Also durchaus eine Kunst. Als ich 65 wurde, lauerten logischerweise eine Menge Leute: Na, was wird der Mebel machen? Und was machte er? Er hörte auf! Im Februar 1988 wurde ich 65, ab 1. September des gleichen Jahres wurde ich emeritiert. Aber natürlich: Obwohl ich mich darauf vorbereitete, fiel mir dieser Abschied nicht leicht. Daß mein persönliches Ausscheiden aus dem Beruf dann fast zeitgleich mit dem Ende der DDR geschah, das konnte ich nun überhaupt nicht ahnen. Ich gestehe, daß mir die politische Entwicklung nach 1989 den Abschied aus der aktiven medizinischen Praxis relativ leicht gemacht hat. Aber noch bis zu meinem 70. Lebensjahr habe ich auf Bitten meiner Nachfolger in der Urologischen Klinik des Städtischen Krankenhauses in Berlin-Friedrichshain einmal wöchentlich mit den zuständigen Kollegen eine eingehende Visite im Nierentransplantationszentrum durchgeführt. Von 1967 bis Mitte 1998 wurden hier 2 038 Nieren transplantiert. Auf Beschluß der Senatsverwaltung für Gesundheit Berlin wurde das Zentrum in Friedrichshain am 30. September 1998 aufgelöst.

HANS-DIETER SCHÜTT: Wir werden darauf zurückkommen. Die Tonlosigkeit, mit der Sie letzteres Faktum mitteilen, spricht Bände. Professor Mebel, wie lange dauerte Ihre längste Operation?

MORITZ MEBEL: Zehn Stunden. Es war ein Zweiteingriff bei einer Patientin, bei der infolge einer erfolgreichen Nierenüberpflanzung nach zwei Wochen der Harnleiter defekt wurde. Die transplantierte Niere war extrem eingeschwielt und mit den großen Blutgefäßen verwachsen. Der Harnleiter war nur äußerst schwer aufzufinden. Während der gesamten Operation habe ich nur eine einzige Schnabeltasse voll Milch zu mir genommen. In diesem Zusammenhang erinnere ich mich – das war damals im Krankenhaus Friedrichshain – an einen jungen Arzt, der sich im zweiten Jahr der urologischen Facharztausbildung befand und mir als zweiter Assistent bei der Operation half. Etwa gegen 18 Uhr fragte er mich, ob er abtreten dürfe. Ich sah etwas erschrocken vom Operationstisch auf und fragte: Ist Ihnen schlecht? Die Antwort war schockierend: Er erwarte zu Hause Besuch, und die Überlänge des Eingriffs sei ja nicht geplant und abzusehen gewesen. Der Diensthabende des Abends könne ja seine Stelle einnehmen. Und wenn, so fragte ich ihn, ein Notfall eingeliefert wird? Er schwieg. Am nächsten Morgen bat ich ihn zu mir. Er hatte noch zwei Jahre Facharztausbildung vor sich, und ich kündigte ihm an, danach für ihn in der Klinik keine Stelle frei zu haben. Er hat sich während der verbleibenden Zeit nichts zuschulden kommen lassen, aber dieses Verhalten während der Operation konnte ich nicht nachvollziehen. So darf ein Arzt nicht handeln! Besuch zu Hause!

HANS-DIETER SCHÜTT: Auch auf Fragen der Ethik Ihres Berufes kommen wir. Haben Sie je privat praktiziert?

MORITZ MEBEL: Nie. Bei der Ausbildung von Ärzten hielt ich es für besonders wichtig, zu vermitteln: Der praktizierte Humanismus darf keine Attitüde sein, er muß als ganz selbstverständliche Haltung vorgelebt werden. Daher: Ein unentgeltliches Gesundheitswesen in der DDR – und dann noch privat kassieren? Das kam für mich nie in Frage. Es gab Stationskassen, in die Patienten etwas hineingaben, gut, die habe ich natürlich nicht abgeschafft. Aber wehe, jemand nahm etwas von einem Patienten, bevor der nicht das Krankenhaus verließ! Egal, ob es ein Pfennig oder eine Flasche guten Weines war. Obwohl es zu

DDR-Zeiten schwer war – ich setzte alles dran, solche Leute, die gegen dieses Gebot verstießen, zu entlassen. Denn das ist eine Form der Bestechung, und ich mochte nicht zulassen, daß Patienten untereinander das Gefühl bekämen, der eine würde nach so einem Obolus möglicherweise besser behandelt als ein anderer.

HANS-DIETER SCHÜTT: Visiten in einem Krankenhaus sehen mitunter aus wie der groß inszenierte Soloauftritt des Chefarztes; er kommt daher, umhüllt von einer weißen Wolke ...

MORITZ MEBEL: Chefvisite war am Freitag, für etwa 80 Patienten. Aber was da immer wie eine Sololeistung eines Chefarztes aussieht – es ist eine kollektive Leistung, denn an jeder Entscheidung sind in der Vorbereitung letztlich viele Ärzte und Schwestern beteiligt. Es gab die Früh- und die Abendvisite, durchgeführt vom Stationsarzt. Einmal in der Woche, mittwochs, machte der Oberarzt Visite und einmal, wie gesagt freitags, der Chefarzt. Das ist diese Visite mit der, wie Sie sagen, weißen Wolke. Aber die weiße Wolke darf keine Wolke sein, das ist die Kunst.

HANS-DIETER SCHÜTT: Darf der Arzt den Patienten, der an einer unheilbaren Krankheit leidet, über dessen wahren Zustand täuschen?

MORITZ MEBEL: Es gibt Ärzte, die das nicht nur bejahen und auch praktizieren, sondern die auch vor einer Lüge nicht zurückschrecken. Das habe ich nie getan. Der Arzt darf den Patienten nicht belügen. Alles, was er ihm sagt, muß wahr sein – aber nicht alles, was wahr ist, muß der Arzt dem Patienten sagen. Die Hoffnung, denke ich, darf einem Menschen nicht genommen werden. Das war immer meine Maxime.

HANS-DIETER SCHÜTT: Was muß ein Arzt besonders gut können?

MORITZ MEBEL: Ein Arzt muß zuhören können. Fragen, die er stellt, müssen geschickt formuliert sein, so daß die Antworten ihm hilfreich sind für eine richtige Diagnose. Ein Arzt kann freilich in den seltensten Fällen abschätzen, inwieweit der Patient die volle Wahrheit ertragen kann – man will einen Menschen ja bis zuletzt auf Heilung hoffen lassen. Ohne Umschweife gesagt: Wenn der Patient nicht ständig leidet, wenn er durch den rapiden Verfall seiner Kräfte nicht schon von sich aus jede Hoffnung aufgegeben hat, wenn er also seinen Zustand nicht als eindeutig schlimm einschätzt oder empfindet, so lange glaubt er an Besserung und erhofft Heilung. Das kann sogar noch bis kurz vorm bitteren Ende so sein. Da einfühlsam und entsprechend der Verfassung des Patienten zu reagieren – das ist eine schwere, aber sehr wichtige Aufgabe des Artzes.

HANS-DIETER SCHÜTT: Der Patient läßt ja nicht nur passiv etwas mit sich geschehen – beim Aufbau von Hoffnung holt er sich von jedem Arzt geradezu selektiv jene Informationen, die dieser Hoffnung zuarbeiten.

MORITZ MEBEL: Zur Notwehr des Patienten kann es gehören, ob bewußt oder unbewußt, daß er Ärzte gegeneinander ausspielen will, eben wegen dieser Suche nach dem Rettenden. Das ist kein böser Wille eines Menschen. Eine Regel von mir, die ich auch meinen Mitarbeitern und Studenten vermitteln wollte, war deshalb: Nie einen Kollegen, bei dem der Patient vorher war, miesmachen! Abwertende Äußerungen gegen einen Kollegen, im Glauben, daß man auf diese Art sein Prestige beim Patienten steigern könne, verunsichern diesen. Deshalb gab es bei uns eine weitere Regel: Bemerkungen über den Zustand des Patienten, Diskussionen über die Diagnose bitte niemals am Krankenbett, sondern erst draußen. Das war nicht in allen Kliniken Usus; es gab eine ganze Reihe von Ärzten und vor allem Leitern, die es darauf ankommen ließen, am Bett des Patienten die eigene Bildung, die eigene Entscheidung herauszustreichen oder eben die sogenannte Leiterpersönlichkeit. Das ist nicht nur miserabler Stil, das ist moralische und psychische Beschädigung des Patienten. So was gab es bei uns nicht. Wenn ich bei einem Stationsarzt oder anderen Mitarbeitern solcherlei Profilneurose mitbekam, habe ich mit dem Betreffenden sehr ernsthaft geredet.

HANS-DIETER SCHÜTT: Jeder Patient möchte gern, ja, er fordert sogar, daß der Arzt fehlerfrei sei.

MORITZ MEBEL: Aber der Arzt darf nie, nur weil der Patient das ersehnt, in diesen verführerischen Irrglauben verfallen, er sei tatsächlich ohne Fehl und Tadel. Der Eindruck entsteht aber oft, eben dadurch, Sie haben es angesprochen, weil der Patient es unbedingt will, aus Selbsterhaltungstrieb. Nein, kein Arzt handelt fehlerfrei! Manfred von Ardenne versuchte die Medizin mit der Mathematik zu verbinden, um medizinisch-biologische Prozesse exakt berechenbar zu machen. Letztendlich ist er gescheitert. Der Mensch ist keine Maschine. Jede Logik hat ihre Grenze, es gibt nun mal nicht zwei gleichartige Menschen; es sei denn, sie sind eineiige Zwillinge mit identischem immunbiologischem System. Nein, jede Diagnose ist unverwechselbar auf das jeweilige Individuum bezogen, also letztlich nicht hundertprozentig auf den nächsten Patienten mit scheinbar gleicher Erkrankung und gleichen Symptomen übertragbar. Und stets kann man nur nach dem gegenwärtigen Stand der wissenschaftlichen Erkenntnisse und praxisgebundenen Möglichkeiten handeln. Der ärztliche Beruf impliziert daher ein fachübergreifendes ständiges Lernen. Ein chinesisches Sprichwort sagt: »Lernen ist wie Rudern gegen den Strom – sobald man aufhört, treibt man zurück.« Der Leidtragende ist dann der Patient.

HANS-DIETER SCHÜTT: Der Arzt muß die Menschen, für die er verantwortlich ist, lieben?

MORITZ MEBEL: Ja.

HANS-DIETER SCHÜTT: Aber das ist leicht gesagt. Zuneigung läßt sich nicht erlernen und anordnen, Zuneigung läßt sich nicht beliebig reproduzieren.

MORITZ MEBEL: Das ist das schwierige. Auch der Mediziner ist ein Mensch mit Eigenheiten und Anfälligkeiten, der Sympathien und Antipathien hat. Dennoch: Er muß sich hineinversetzen in die Lage des Patienten, und der Patient muß fühlen, daß sich da ein anderer um ihn bemüht, ihm helfen will.

HANS-DIETER SCHÜTT: Wie sind Sie mit Aversionen gegenüber Patienten umgegangen?

MORITZ MEBEL: Ich hatte mal eine Patientin, die war schlichtweg fett. Ich habe eine Aversion gegen fette Menschen, gegen Bierbäuche, gegen Leute, die Kuchen und Schlagsahne nicht essen, sondern fressen. Ja, wirklich, wenn ich dicke Leute sehe, möchte ich zu ihnen hingehen und sie warnen. In der DDR war der Fleischverbrauch besonders hoch und das Fleisch fett. Also zu dieser Kranken. Ich sah sie in ihrem Bett und stellte mir vor: Wenn die auf dem OP-Tisch liegt, muß ich erst mal durch eine zehn Zentimeter dicke Fettschicht. Diese Aussicht empfand ich als äußerst unangenehm. Auch aus ganz praktischen medizinischen Gründen: Fett erhöht die Infektionsgefahr. Es war in der Urologischen Klinik der Charité, Anfang der achtziger Jahre. Ich stehe also an ihrem Bett und sage ihr, sie sei ja recht korpulent und füge noch hinzu, damit drückte ich mich sehr vornehm aus. Sie müsse auch nach der Operation unbedingt abnehmen. Diese Patientin war mir bitterböse, wie ich später erfuhr – obwohl der Eingriff und die Genesung gut verliefen. Aber ein Wort ist eben schnell gesagt, das Wort ist kein Vogel: Wenn es raus ist, kannst du es nicht wieder zurückholen – so meint ein russisches Sprichwort. Ich hatte dieser Frau gegenüber meine ehrliche Empfindung geäußert – und trotzdem: Sie tat mir hinterher leid, und ich hielt mich, obwohl ich in der Sache recht hatte, für unbeherrscht und anmaßend. Um klar auf Ihre Frage zu antworten: Ein Arzt hat keine Aversionen gegen einen Patienten zu haben. Er muß sie unterdrücken, unter allen Umständen.

HANS-DIETER SCHÜTT: Wir sprachen über die Lüge am Krankenbett. Jeder Arzt, der seinen Patienten bewußt täuscht oder belügt, läuft Gefahr, unglaubwürdig zu sein.

MORITZ MEBEL: Ja. Er setzt Vertrauen aufs Spiel, er verletzt die Persönlichkeitsrechte des Patienten und nimmt ihm die Möglichkeit, einer schweren Situation bewußt entgegenzutreten. Ganz anders zu bewerten ist es, wenn der Arzt seinem Patienten nicht sofort die gesamte Wahrheit über die Schwere einer Erkrankung mitteilt. Oft ist schonende Aufklärung in kleinen Schritten angebracht. Dazu braucht man Zeit und Geduld. Die muß man sich nehmen. Wahrheit am Krankenbett ist nicht identisch mit Information über medizinische Befunde – wie Laborwerte, mikroskopische Beschreibungen, detaillierte Erläuterungen eines Röntgenbildes – oder andere Untersuchungsergebnisse. Den Behandlungsprozess positiv beeinflußt es, wenn Vertrauen zwischen Arzt und Patient entsteht. Der Arzt findet die größte Befriedigung, wenn er die Diagnose einer Erkrankung exakt gestellt hat, und ein ebenso großes Erfolgserlebnis ist bei einem chirurgisch Tätigen die gelungene Operation und die Genesung des Patienten. Aber ärztliche Kompetenz endet vielfach da, wo angesichts des unvermeidlichen Todes auch die Medizin ihre Grenze erreicht. Menschlichkeit und Zuwendung des gesamten medizinischen Personals freilich haben bis zum letzten Atemzug des Patienten zu gelten.

HANS-DIETER SCHÜTT: Mit keiner Ratio und keiner Philosophie kann das Unvermeidliche, der Tod, erträglicher gemacht werden.

MORITZ MEBEL: Der Patient empfände die Information über die Unheilbarkeit einer Krankheit als Todesurteil. Die Hilflosigkeit gegenüber dem Tod betrifft demnach den Patienten wie seinen Arzt. Es sind die Ärzte, die sich um die Menschlichkeit bemühen müssen, aber auch die moderne Medizin kennt keine Behandlungskonzepte, in denen der Mensch selbst mit seinen Ängsten so im Mittelpunkt steht, daß diese Ängste ausgelöscht werden können. Man kann sie mildern. Ärztliche Tätigkeit umschließt nicht nur die Diagnostik und die Therapie einer Krankheit. Wichtig ist auch das soziale Umfeld. Aber das wäre schon wieder ein anderes Thema. Sind die Möglichkeiten der Medizin erschöpft, ist demnach eine Heilung unmöglich und der Tod unvermeidlich, so ist die psychologische Führung und Betreuung des Patienten um so dringlicher. Er darf außerdem nicht verurteilt sein, Schmerzen erdulden zu müssen. Denn die moderne

Medizin ist ohne besondere Schwierigkeiten in der Lage, Schmerzlosigkeit zu gewährleisten.

HANS-DIETER SCHÜTT: Der Wille zum Leben macht den Patienten manchmal auch ungerecht, er macht ihn und seine Angehörigen fordernd gegenüber dem Arzt.

MORITZ MEBEL: Das ist verständlich und muß akzeptiert werden. Man darf nicht aufgeben und muß immer wieder versuchen, klärende Worte zu finden, die auf Verständnis stoßen. Das ist schwer, sehr schwer, aber unsere menschliche Pflicht.

HANS-DIETER SCHÜTT: Sie erwähnten eben das Recht auf Schmerzlosigkeit. Gegen den Schmerz kann der Tod eine Erlösung sein. Was halten Sie von Sterbehilfe?

MORITZ MEBEL: Ich lehne das Wort »Sterbehilfe« ab, denn es bedeutet Hilfe zum Sterben. Das kann nicht der Auftrag des Arztes, der Medizin sein. Ich glaube, daß Hufeland in seinem Werk »Anleitung zur medizinischen Praxis« (Berlin, 1836) bereits im vorigen Jahrhundert alles Notwendige gesagt hat: »Das Leben des Menschen zu halten und womöglich zu verlängern, ist das höchste Ziel der Heilkunst, und jeder Arzt hat geschworen, nichts zu tun, wodurch das Leben eines Menschen verkürzt werden könnte ...« Der Arzt darf auch am Ausgang dieses Jahrhunderts nicht zum Scharfrichter werden.

HANS-DIETER SCHÜTT: Der Tod eines Patienten ist ja in jedem Falle auch eine Niederlage des Arztes. Gibt es im Zusammenhang mit einem Tod ein Erlebnis, das Ihnen unvergessen bleibt?

MORITZ MEBEL: Bei einem Patienten diagnostizierten wir eine gutartige Geschwulst der Vorsteherdrüse. Ich operierte selber. Alles verlief gut. Aber er starb ganz plötzlich. Ein Tod, für den objektiv keine Ursache zu finden war. Die Tochter war Oberärztin. Ich habe versucht zu trösten. Nachdem einige Zeit vergangen war, kam sie zu mir und sagte: Sie haben sich so aufmerksam meinem Vater gewidmet, nun mußte ich seinen Haushalt auflösen, hier sind versilberte Becher, sein Tabaksbeutel – das möchte ich Ihnen schenken.

HANS-DIETER SCHÜTT: Sie haben über Wahrheit gesprochen. Noch einmal nachgefragt: Wieviel Wahrheit verträgt ein Mensch?

MORITZ MEBEL: Die Frage bleibt immer unbeantwortet. Auf jeden Fall: Die Wahrheit kann auch die beste Lüge sein. Es kommt aber darauf an, in welcher Tonlage, in welcher Umgebung man die Dinge ausspricht. Der Arzt kann sagen: Sie haben Krebs! Für viele Menschen auch heute noch ein Todesurteil. Aber Krebs und Krebs ist nicht dasselbe. Die Krebszelle ist sehr variabel und ihr Wachstum unterschiedlich. Hier gibt es viele Faktoren, die zu beachten sind. Man kann also auch sagen: Sie haben einen Tumor, und wir müssen ihn entfernen, denn es besteht die große Gefahr, daß das Gewächs bösartig ist. Das Schlimme zu relativieren, ist wiederum nicht identisch mit Lüge. Denn es gibt, wie wir heute wissen, unterschiedliche Krebsformen, von denen wir einige erfolgreich therapieren können. Auch sind in der Fachliteratur Krebserkrankungen beschrieben worden, die spontan ausgeheilt sind. Warum, wissen wir noch nicht.

HANS-DIETER SCHÜTT: Alle Hoffnungen nehmen oder ein Türchen offenlassen – das ist die Frage.

MORITZ MEBEL: Noch einmal auf den Punkt gebracht und alle Zwischentöne bei diesem sehr schwierigen Thema beiseite gelassen: Ich lehne es ab, einem Patienten das Schreckliche direkt und unvorbereitet ins Gesicht zu sagen. Wahrheit muß sein, aber sie muß immer so dargelegt werden, daß sie in schweren Situationen ein Weiterleben, selbst für eine begrenzte Zeit, möglich macht. Das verstehe ich unter Humanismus in unserem Beruf.

HANS-DIETER SCHÜTT: Das ist irgendwo auch Schauspielerei?

MORITZ MEBEL: Für mich nicht. Ich denke immer, der Mensch mir gegenüber könnte mein nächster Angehörige, der mir liebste Mensch sein. Wenn der Patient empfindet, du stierst in die Gegend, bist mit den Gedanken woanders, während du mit ihm sprichst – dann bist du unglaubwürdig. Du mußt das Gefühl vermitteln, jetzt nur für diesen Menschen da zu sein. Ob das immer gelingt, ist eine andere Frage. Jeder Arzt, jede Schwester hat eigene private Belastungen zu ertragen und zu bewältigen, das beeinflußt unsere Gemütsverfassung, unsere Haltung. Aber ich habe meinen Mitarbeitern immer gesagt: Was bei Ihnen zu Hause los ist, interessiert nicht. Der Patient will keinen griesgrämigen Arzt und keine verwirrte Schwester sehen. Dein trauriges Gesicht mußt du vorm Krankenzimmer ablegen. Die Atmosphäre auf einer Station hängt entscheidend von den Schwestern ab, vom gesamten medizinischen Personal – von den Menschen also, die die wesentlichste Zeit mit den Patienten zusammen sind.

HANS-DIETER SCHÜTT: Nun kann die medizinische Betreuung und Behandlung – der Patient bekommt ja diese Vorgänge mit – die seelische Belastbarkeit des Kranken nur bedingt berücksichtigen. Man kann noch so viel von Heilungschancen reden, eine schwere Operation bleibt eine schwere Operation.

MORITZ MEBEL: Grundsätzlich besteht eine Aufklärungspflicht vor allen diagnostischen und therapeutischen, insbesondere operativen Eingriffen – was in der kapitalistischen Marktwirtschaft übrigens bei vielen Entscheidungen zu einer sogenannten Verrechtlichung der Medizin geführt hat. Entsetzlich! Wenn ich sehe, wie Patienten heute bestimmte Fragebögen ausfüllen müssen, hinsichtlich rechtlicher Konsequenzen, was die Behandlung und ihre möglichen Folgen betrifft, dann müssen sie ja zwangsläufig denken, sie müßten sterben. Für mich stand im Mittelpunkt immer die Selbstbestimmungsaufklärung: Wieviel muß, wieviel und wie soll der Arzt seinem Patienten über die Krankheit und das Risiko eines Eingriffes mitteilen, damit dieser selbst mit entscheiden kann, wie es weitergeht? Denn es ist sein Körper, seine Gesundheit! In Friedrichshain kam ein Hochschullehrer der Humboldt-Universität zu mir, mit Harnblasenbeschwerden. Ich konnte nichts feststellen. Lediglich in der Urinanalyse wurde eine begrenzte Anzahl roter Blutkörperchen festgestellt. Ein Alarmzeichen. Mein von mir hochverehrter Chef und Lehrer, Professor Frumkin in der Urologischen Klinik in Moskau, hatte uns eingeschärft: Blut im Urin, auch in einer nur mikroskopisch wahrzunehmenden Menge, ist immer tumorverdächtig – bis der Verdacht definitiv ausgeschlossen werden kann! Wir stellten den Patienten buchstäblich auf den Kopf – kein krankhafter Befund konnte gefunden werden. Nach zwei Wochen zystoskopierte ich noch mal, das heißt, mit einem Instrument schaute ich mir die Harnblase an – und ich fand an der linken Blasenseite einen verdächtig aussehenden Blasenschleimhautbezirk. Die entnommene Gewebeprobe ergab – Blasenkrebs. Ich bat ihn telefonisch in mein Dienstzimmer. Wie sage ich ihm das? Er saß vor mir, die Ehefrau war dabei. Beide: Wir wollen die Wahrheit wissen. Ich erwiderte, daß in der Gewebeprobe Veränderungen festgestellt wurden, die teilweise auf ein bösartiges Gewächs hindeuten. Deshalb schlage ich vor, so zu behandeln, als ob es ein Krebsgeschehen wäre. Die beiden saßen vor mir und haben mich eine Stunde lang buchstäblich gequält: Wir führen eine gute Ehe, wir haben zwei Kinder, Sie müssen uns die Wahrheit ohne jedes Wenn und Aber sagen. Wir müssen uns darauf einstellen. Ich wußte nicht, was ich noch sagen sollte. Immer wiederholte ich nur: Ich behandle wie Krebs, aber Unheilbarkeit kann ich nicht bestätigen – Sie bleiben in meiner ständigen Kontrolle. Es verstrichen fünf Jahre. Eines Tages kam er wieder mit Beschwerden im Unterleib zu mir. Die Untersuchung ergab ein gesundes Urogenitalsystem, aber im Bereich des Dünndarms hatte sich ein zweiter Tumor gebildet. Der Mann starb an Krebs. Ich war bei der Beerdigung, zwei Tage danach fragte die Ehefrau an, ob sie noch mal zu mir kommen könne, mit den Kindern. Sie saß auf dem Platz, auf dem ihr Mann einst gesessen hatte. Was sie mir sagen wollte, war ein herzliches Dankeschön. Das berührt einen sehr seltsam, wenn gerade eben ein Mensch gestorben ist. Sie sagte: Du hast uns fünf glückliche Jahre geschenkt; wenn du uns damals gesagt hättest, es ist eindeutiger Blasenkrebs – dieser

Gedanke hätte uns erdrückt. So aber hatten wir noch schöne, unbeschwerte Jahre. Mit größerem Wissen um die Endlichkeit allen Lebens und dennoch mit einer Hoffnung, heute, im Moment glücklich sein zu können. Sehen Sie, das ist für mich Humanismus in der Medizin.

HANS-DIETER SCHÜTT: Die juristischen Forderungen haben, im Kapitalismus, das Verhältnis zwischen Arzt und Patient grundlegend verändert. Ich habe gelesen, daß im Jahre 1956 in den USA 88 Prozent aller Ärzte ihren Patienten die Krebsdiagnose verheimlicht haben. Achtzehn Jahre später waren es nur noch 2 Prozent.

MORITZ MEBEL: Natürlich ist heutzutage die breite Öffentlichkeit auch in medizinischen Fragen aufgeklärter als noch vor Jahren, und der Patient erhebt mit Recht den Anspruch, vom Arzt eine begreifbare Auskunft über seinen Gesundheitszustand zu erhalten. Auch drängen viele Patienten den Arzt, die absolute Wahrheit wissen zu wollen. Wir haben über dieses Problem gesprochen. Nicht wenige Kollegen sind dann in ihrer Information gnadenlos und nehmen keine Rücksicht auf die Psyche des Patienten. Aber wo bleiben die Barmherzigkeit, der Trost, der Lichtblick ... Ich bin entsetzt über das medizinische System, in dem ich glücklicherweise nicht praktizieren muß: Der Arzt zuallererst als Unternehmer! Nein, danke! Wenn ich das schon höre! Der Arzt als Unternehmer? Somit wird die Krankheit zur Ware, die Gesundheit auch. Sicherlich hat die Marktwirtschaft sehr effektive Hebel, um zu motivieren, auch um geistige Innovationen herauszufordern: der ökonomische Druck, die Konkurrenz, das Geld. Aber ein privatisiertes Gesundheitwesen, wie ich es derzeit erleben muß, ist in meinen Augen inhuman.

HANS-DIETER SCHÜTT: Unterlassene Aufklärung wird juristisch wie ein Behandlungsfehler geahndet.

MORITZ MEBEL: Die juristische Forderung nach einer lückenlosen Aufklärung um jeden Preis ist furchtbar, sie führt zu einer psychischen und seelischen Überforderung der Patienten.

Heute ist der Arzt immer dann schuldig, wenn ihm eine mangelnde Aufklärung vor einem diagnostischen Eingriff oder einer Operation nachgewiesen werden kann. Das führt zu einer gewissen Kälte in den Überlegungen und Absicherungen des Arztes. Der Mensch wird viel zu sehr als abstrakt Vernünftiger, als Versicherungsrisiko, als Marktwert behandelt, nicht als Leidender, als Hilfs- und Zuwendungsbedürftiger.

HANS-DIETER SCHÜTT: Früher lag das Schicksal bis kurz vor dem Ende im dunklen, und dieses Ende wurde nicht über Monate künstlich verlängert. Heute kann der Verlauf bestimmter unheilbarer Erkrankungen bereits im Frühstadium vorausgesagt werden.

MORITZ MEBEL: Ich sagte ja, Lebensverlängerung ist unbedingte Aufgabe der Medizin. In vielen Fällen erheben der Patient und seine Angehörigen den Anspruch darauf. Und heute wie vor einem halben Jahrhundert gilt die prinzipielle Feststellung, daß es keine auf das Alter bezogene Werteskala auch da geben soll, wo es um Operationsindikationen geht. Der alte Mensch darf ebenso wie der junge alle Möglichkeiten der Medizin für sich in Anspruch nehmen können. Entscheidend sind allein Risiko und Chancen einer Operation sowie die Selbstbestimmung des Patienten. Es ist fatal, einem Kranken die Operation vorzuenthalten, nur weil er ein bestimmtes Lebensalter überschritten hat, und ebenso fatal ist es, einen sehr alten Menschen zu einem Eingriff zu überreden, der – einsam und müde – eine Verlängerung seines Lebens nicht mehr wünscht. Wir überreden ihn, wenn wir uns in seine Lebenssituation nicht hineindenken. Wir neigen ja oft dazu, alte Menschen zu bevormunden, weil wir ihr Urteilsvermögen unterschätzen. Viele von ihnen haben sich aus der Gesellschaft zurückgezogen und ihr Selbstvertrauen verloren. Aus diesem Grunde sind ihre Reaktionen in einem aufklärenden Gespräch verlangsamt und zurückhaltend. Sie sind verunsichert und spüren die Überlegenheit des ärztlichen Gesprächspartners. Der so häufig in Diskussionen verwendete Satz: »Schließlich hat er sein Leben gelebt« oder: »Er hatte schließlich ein erfülltes Leben« hat etwas Richterliches und

Anmaßendes. Es ist überheblich und inhuman, wenn wir so über den Wert eines Lebens entscheiden wollen.

HANS-DIETER SCHÜTT: Professor Mebel, wir beklagen den ungehemmten technischen Fortschritt und die Macht, die er über uns ausübt. Er hat viele unserer ethischen Grundbegriffe oder unsere Einstellung zu ihnen verändert: Wenn wir diesen ethischen Forderungen absolute Priorität einräumen würden, so könnten wir den Anfängen wehren, indem wir die Opfer, die der Fortschritt fordert, nicht zuließen. Auf diese Weise könnten wir seine schrankenlose Ausdehnung verhindern. Als der große französische Chirurg Jules Emile Pean am 9. April 1897, also zwei Jahre vor Billroth, die erste operative Entfernung des unteren Magenausganges wagte und der Patient am fünften postoperativen Tage starb, hat er sich äußerst kritisch geäußert. Dieser Arzt hat, soweit bekannt geworden ist, nie wieder eine solche Operation durchgeführt.

MORITZ MEBEL: Das ist immer eine komplizierte Sache. Der erste Schritt ins Neuland bleibt der gewagteste. Er muß gut vorbereitet sein. Aber er wird immer gegangen werden. Natürlich wäre es möglich, beispielsweise die Organtransplantation oder die Genforschung für eine gewisse Weile zu stoppen. Aber wir tun es nicht und können es nicht tun, weil wir uns, allen Beteuerungen zum Trotz, in unserem Glauben und Denken dem Fortschritt verpflichtet fühlen. Der Erkenntnisdrang läßt sich nicht verbieten. Das ist eine Tatsache. Wir können auf die Errungenschaften des Fortschrittes weder in der Medizin noch auf anderen Gebieten verzichten. Die Faszination, welche die großen Pioniere erfaßt, macht in der operativen Medizin auch vor jenen nicht halt, die sich als Lernende, von einer Operationsmethode zur anderen fortschreitend, auch die schwierigsten Techniken aneignen wollen und müssen, um gute Operateure zu werden. Bemerkenswert ist, daß dieser Lernprozeß und die Faszination auch den erfahrenen Mediziner betreffen, wenn er neue Methoden übernimmt oder gar selbst entwickelt.

HANS-DIETER SCHÜTT: Stellt der Anfänger in der Chirurgie für den Patienten ein Risiko dar? Anders gefragt: Läßt man sich von einem Mann oder einer Frau operieren, der eine große Operation zum ersten Mal selbständig durchführt? Oder noch anders: Würde man einen Flug über den Ozean nicht lieber mit einem erfahrenen Kapitän eines Jumbo-Jets machen als mit einem Anfänger?

MORITZ MEBEL: Der Anfänger in der Chirurgie ist durchaus mit dem Kapitän vergleichbar, denn so wie dieser Hunderte von Flugstunden und Tests absolvieren muß, bis er die Verantwortung für seine Passagiere übernehmen kann, muß auch der Chirurg, jahrelang zuerst als zweiter, dann später als erster Assistent, an speziellen Operationen beteiligt sein, ehe er die Eingriffe selbständig, aber zunächst unter Anleitung eines erfahrenen Oberarztes oder des Chefs durchführt. Erst dann, wenn er zahlreiche dieser Prüfungen mit Erfolg bestanden hat, wird ihm bescheinigt, daß er ganz selbständig operieren kann. Auch jetzt hat er noch immer die Möglichkeit, einen Oberarzt oder den Chef zu rufen, wenn Schwierigkeiten auftreten sollten. Zugegeben: Nicht in jeder chirurgischen Abteilung waren nach meiner Übersicht derartige strenge Ausbildungsvoraussetzungen gegeben. Man wird also neben der Wahl des Arztes auch den Ruf der jeweiligen Klinik berücksichtigen müssen. Er hängt wesentlich von den geschilderten Kriterien der Ausbildung ab ... Im übrigen, kurz gesagt: Jede Entscheidung – und das ist in allen Berufen so – rechtfertigt sich nur durch den Erfolg. Jedoch auch ein Mißerfolg in der Medizin, der zum Tode des Patienten führen kann, ist nicht auszuschließen. Risiko und Chancen müssen möglichst exakt abgewogen werden.

HANS-DIETER SCHÜTT: Ist der Arzt in seinen Entscheidungen frei?

MORITZ MEBEL: Wir sind nicht frei, denn wir müssen unseren Patienten die Möglichkeiten der modernen Medizin aufzeigen, und die haben Grenzen. Ob wir eine Methode anwenden oder nicht, hängt zudem von unserem persönlichen Können, von unseren Erfahrungen und den konkreten technischen Voraussetzungen ab. Jede neue Methode, die man in einer Klinik einführt, jede gelungene Operation bedeutet auch persönlichen Erfolg. Der Arzt sollte ehrlich zugeben, daß es verlockend ist, den Sirenenklängen dieses Fortschritts zu folgen.

HANS-DIETER SCHÜTT: Die Operationsindikationen werden zum Prüfstein ärztlicher Verantwortung. Wenn die Philosophen mit dem Arzt über Ethik sprechen würden und feststellen müßten, daß es nicht nur auf die Handlung selbst ankommt, sondern auch auf die Motive des Handelns, so muß sich der Arzt doch die Frage stellen: Woran ist erkennbar, daß meine Motive edel sind, zumal mein Erfolg immer auch Gesundheit für den Patienten bedeutet?

MORITZ MEBEL: Bei aller Unsicherheit gibt es dennoch allgemein anerkannte Maßstäbe für ärztliche Entscheidungen. Wir verfügen über eine verhältnismäßig verläßliche Richtschnur: Das Risiko des Eingriffs bis hin zum tödlichen Ausgang, die möglichen postoperativen Komplikationen und eine eingeschränkte Lebensqualität müssen dem wie auch immer gearteten Erfolg gegenübergestellt werden. In der Regel werden einer solchen Abwägung die eigene Erfahrung sowie Berichte im einschlägigen medizinischen Schrifttum einschließlich statistischer Angaben zugrunde liegen. Niemand bezweifelt ernstlich, daß die statistische Erfassung eines sogenannten Krankengutes, insbesondere der postoperativen Komplikationen und Todesfälle, für den selbstkritischen Erfolgsnachweis notwendig ist. Aber wir alle wissen, daß die Komplikationen nach einer Operation und das Kranksein in seiner menschlichen Dimension nicht durch mathematisch errechnete Zahlen definiert werden können, zumal medizinische Statistiken nicht selten schon im Ansatz falsch sind und wesentliche Gesichtspunkte wie die so schwer zu ermittelnde Lebensqualität nur selten mit erfassen. Wo letztere unseren Wünschen und Zielen entgegenkommen, knien wir gern wie vor einem Delphischen Orakel nieder. Andernfalls, wenn das Orakel unsere eigenen Vorstellungen nicht bestätigt, wenden wir uns enttäuscht ab. Es sollte aber nicht enttäuschen, sondern zu eigenen Forschungsarbeiten Ansporn sein.

HANS-DIETER SCHÜTT: Grenzüberschreitungen werden immer wieder heftig diskutiert.

MORITZ MEBEL: In der operativen Bahndlung bösartiger Tumore erscheinen sie mitunter deutlich. Zum Beispiel: Das Auftreten von Fernmetastasen weitab vom sogenannten Primärtumor ist ein Zeichen dafür, daß die Tumorzellen über Lymphbahnen und das Blutgefäßsystem in alle Körperregionen vordringen. Bei den meisten Krebserkrankungen bedeutet diese Situation einen tödlichen Ausgang. Doch verfügen wir heute über medikamentöse Methoden, die, kombiniert mit der Operation oder auch als selbständiges Behandlungsverfahren, eine vieljährige Remission, einen Rückgang von Krankheitserscheinungen und bei manchen Krebserkrankungen sogar eine Heilung bewirkten. Die kaum lösbaren Entscheidungsprobleme liegen in den Grenzbereichen, wo das Risiko und die Erfolgsaussichten nicht mehr kalkulierbar sind.

HANS-DIETER SCHÜTT: Wir leben von Illusionen und täuschen uns.

MORITZ MEBEL: Die Erfolge des wissenschaftlich-technischen Fortschritts, angefangen von der Operation am vorübergehend stillgelegten Herzen bis hin zur Organtransplantation und den künstlichen Organen, stärken verständlicherweise bei vielen Menschen den Glauben an das Utopische. Und dennoch können wir trotz spektakulärer Lebensverlängerungen durch unermüdliche Arbeit, wie auch Sisyphus, den Tod nicht in Frage stellen.

HANS-DIETER SCHÜTT: Prof. Mebel, Sie haben in Friedrichshain mit dafür gesorgt, daß eine kinderurologisch-nephrologische Station aufgebaut wurde. Man kann Kinder, auch wenn es um urologische Erkrankungen geht, nicht mit Erwachsenen zusammenlegen. So Ihre damalige Entscheidung. Das war neu in der allgemein herrschenden Praxis. Wie geht der Mediziner mit jungem Leben um, das unnatürlich früh von Todesgefahr umschattet ist?

MORITZ MEBEL: Glücklicherweise geht es nur selten um Todesgefahr bzw. tödliche Erkrankungen. Ich liebe Kinder, aber es war für mich immer ein Problem, wenn ich diese operieren mußte und wußte, nicht mehr helfen zu können. Ich mußte mir angewöhnen, durch so ein kleines Geschöpf hindurchzusehen, ihm also in die Augen zu schauen – und mir dennoch das Gesicht nicht einzuprägen. Das war ein gewisser Selbstschutz aus Kinderliebe. Ich weiß nicht, wie ich es gemacht habe, aber ein Kind, das ich operierte, würde ich selbst nach sehr kurzer Zeit sehr selten wiedererkennen – im Gegensatz zu Erwachsenen.

HANS-DIETER SCHÜTT: Waren Sie in der Klinik ein Alleinherrscher?

MORITZ MEBEL: Als Chefarzt? Nein. Ich war sicher ein strenger Chef, aber ich habe nie von meinen Kollegen etwas verlangt, was ich selber nicht zu geben vermochte. »Meine« Oberärzte, die unterdessen längst selbst Chefs sind, sagen mir jetzt, es war gut so, auch diese Strenge. Damals freilich haben sie insgeheim gehadert. Ich bin nicht für Nostalgie, aber es gab ein ausgeprägtes Zusammengehörigkeitsgefühl. Nicht mit Schulterklopfen zu verwechseln! Zuträgereien habe ich mir nie angehört, sondern die Betreffenden an einen Tisch geholt. Oder unsere täglichen Nachmittagsbesprechungen genutzt. Jeder Stationsarzt bzw. der von ihm beauftragte Assistenzarzt mußte am Vorabend der Operation noch einmal alle Befunde des betreffenden Patienten vorstellen, und jeder anwesende Arzt stellte Fragen. Der Chefarzt oder sein Stellvertreter hatte das letzte Wort; es konnte durchaus sein, daß ich in meinen letztlichen Entscheidungen abwich von den geäußerten Ansichten, aber vorher fand eine eingehende Diskussion statt, und immer begründete ich meine Meinung. Selten kam es vor, daß im Ergebnis der Besprechung eine Operation abgesetzt wurde und ich zusätzliche Untersuchungen anordnete. Dem Patienten erklärten wir das natürlich. Für alle Beteiligten keine erfreuliche Situation, mit zusätzlichen Belastungen und Spannungen ... Mir bedeutete Gerechtigkeit viel, aber ob ich als Chef immer gerecht war, wage ich zu bezweifeln. Doch ich bemühte mich. Ich habe mir vor schweren Entscheidungen, bei Patienten oder in Personalfragen, eines zum Prinzip gemacht: Nie unmittelbar nach etwas Vorgefallenem eine Entscheidung treffen! Zeit nehmen! 24 Stunden vergehen lassen!

HANS-DIETER SCHÜTT: Warum?

MORITZ MEBEL: Ich mußte meinen Jähzorn zügeln. Der in der Klinik nie ausbrach. Das hat mich viel Kraft, viel Selbstüberwindung gekostet. Die Mitarbeiter wußten: Wenn meine Augen kleiner werden, ist das ein ungutes Zeichen. Aber fast nie, glaube ich, war ich einem Patienten gegenüber unhöflich. Und nie redete ich über andere Kollegen.

HANS-DIETER SCHÜTT: Wie lief bei Ihnen eine Operation ab?

MORITZ MEBEL: Zu meiner Zeit als Chef galt eine bestimmte Regel: Der Operateur geht an den OP-Tisch, auf den der Patient gelegt ist und sich bereits in Narkose befindet. Er fragt: Wer wird operiert, und was bzw. welche Seite? Der 1. Assistent antwortet, dann Frage an den Anästhesisten: Ist das der benannte Patient X, ist das die benannte Seite, die freigelegt werden soll? Erst dann beginnt die Operation. Durch diese Regelung sind Verwechslungen ausgeschlossen. Man hat Patienten schon das falsche Bein amputiert! Auch in meiner Abteilung wurde ein Patient mit der falschen Seite – es ging um einen Eingriff an der linken Niere – auf den Operationstisch gelegt. Der operierende Chefarzt hatte die Haut bereits an der rechten Seite durchtrennt. Verschluß der Haut mit einigen Nähten und Umlagerung des Mannes! Die Operation an der linken Niere und der Heilungsprozeß verliefen komplikationslos. Am Tag nach der Operation habe ich dem Patienten die Wahrheit über das Mißgeschick mitgeteilt und ihm erläutert, daß er entsprechende Ansprüche ans Krankenhaus stellen könne. Er nahm das unverzeihliche Versehen gelassen hin und war dazu auch noch sehr nett. Dieser schreckliche Vorfall war der Auslöser für das von mir eingeführte strenge Ritual unmittelbar vor Operationsbeginn.

HANS-DIETER SCHÜTT: Sie waren also kein Alleinherrscher. Sagen wir so: Hierarchische Leitung unter den Bedingungen der Kollektivität.

MORITZ MEBEL: Das mag wie ein Widerspruch klingen, aber es ist möglich. Die Kunst der Leitung besteht darin, daß ein Kollektiv mit dir kann und du mit einem Kollektiv kannst. Nicht mehr und nicht weniger. Ich ging von folgendem aus: Mir ist nichts geschenkt worden, auch ich habe mir alles hart erarbeiten müssen. Ich habe Forderungen gestellt, aber auch Freiräume belassen – zu denen gehörte, daß »meine« Ärzte, Schwestern und medizinisch-technischen Assistentinnen die Möglichkeit haben mußten, sich weiterzubilden. Einmal im Monat kamen alle leitenden Mitarbeiter der Klinik, Poliklinik und Forschungsabteilung zu einer Problemdiskussion zusammen, aber diese Besprechung durfte nicht länger als anderthalb Stunden dauern. Nach dieser Versammlungsdauer, so meine Erfahrung, kann man Effizienz nicht mehr erwarten. Wir haben auch herrliche Feste gefeiert, Fasching etwa, und Ausflüge organisiert. Ich habe bei solchen Festen immer gewußt, wann es für mich Zeit ist, zu gehen. Mitarbeiter sind zu später Stunde gern unter sich ...

HANS-DIETER SCHÜTT: Gab es das Duzen während der Arbeit?

MORITZ MEBEL: Nein. Keine Kumpanei! Auch der Genossen-Status zählte für mich beim Dienst nicht. Im Dienst »Sie«, in der Parteiversammlung »Du«.

HANS-DIETER SCHÜTT: Formalismus?

MORITZ MEBEL: Nein. Sprache beeinflußt Haltungen und Handlungen. Das »Du« beinhaltet ja Vertraulichkeit, sehr persönliche Nähe. Das hätte bedeutet, daß ich einen kleinen Personenkreis – unter meinen Mitarbeitern waren etwa neun Prozent Mitglieder der SED – anders behandle als das Gros meiner Mitstreiter.

HANS-DIETER SCHÜTT: Frage an das langjährige Mitglied des Zentralkomitees der SED: Gab es einen Pfarrer in Ihrer Klinik?

MORITZ MEBEL: Bei meinem Vorgänger Görtz machte einmal pro Woche ein Pfarrer die Visite mit. Menschen, die eine echte Glaubensüberzeugung haben, respektierte ich. Gerade weil es in meinem Beruf täglich auch um den Tod geht. Ich fand es allerdings nicht in Ordnung, wenn der Pfarrer Leute ansprach, die nicht religiös waren. Und die diese Gespräche als Belastung empfanden. Generell bin ich für eine Trennung von Staat und Kirche. Außerdem gibt es ja eine ganze Reihe unterschiedlicher Konfessionen.

HANS-DIETER SCHÜTT: Haben wir als SED nicht Menschen gegen ihre Überzeugung vereinnahmt?

MORITZ MEBEL: Als ich im Juni 1961 Chefarzt der Urologischen Klinik in Friedrichshain wurde, übrigens lange vor meiner ZK-Mitgliedschaft, da habe ich den Pfarrer zu mir gebeten und ihm klar gemacht: In der Klinik macht nur einer Visite, und das bin ich. Ansonsten weder der Pfarrer noch der Parteisekretär. Wenn von einem Patienten gewünscht werde, daß der Pfarrer zu ihm kommen solle, dann selbstverständlich. Auch für eine letzte Weihe dürfe der Pfarrer allein mit dem Patienten sein, keine Frage. Und was die angesprochene Vereinnahmung betrifft, da kann ich eine kleine Episode erzählen: Am 23. Dezember 1958 gab es in der Chirurgischen Klinik der Charité eine Weihnachtsfeier im großen Hörsaal. Die Anwesenheit aller Mitarbeiter war Pflicht. Erst sollte ein Pfarrer predigen, dann der Klinikdirektor sprechen, und anschließend würden Weihnachtslieder folgen. Als Freidenker bat ich im Namen von uns drei Genossen, daß erst der Direktor sprechen möge – wir wären anschließend auf leisen Sohlen aus dem Saal gegangen ... Weil dem nicht stattgegeben wurde, sind wir drei zu dieser Feier nicht hingegangen. Mein Gott, heute würde ich anders handeln, ich würde anwesend sein, und Schluß. Aber mein Verhalten damals hatte weniger mit Glauben zu tun als vielmehr mit dieser unliebsamen Empfindung, ich solle zu etwas gezwungen werden. Religiösen Glauben habe ich immer respektiert, aber ich erwartete halt auch die Respektierung des Nichtglaubens. Alles hat seine Zeit, und alles hat seinen Ort.

HANS-DIETER SCHÜTT: Sie galten als Arzt, der streng darauf achtete, daß alle bei Ihnen arbeitende Ärzte – besonders Oberärzte – Mediziner mit fachübergreifenden Kenntnissen waren.

MORITZ MEBEL: Ich belächelte die Internisten, wenn sie zur Untersuchung der Vorsteherdrüse den Urologen holten. Wenn beispielsweise eine Patientin bei uns lag, wurde sie vom Urologen auch gynäkologisch untersucht. Auch das Herz-Kreislauf-System und anderes mehr. Unabhängig davon, daß natürlich der Gynäkologe hinzugezogen wurde. In diesem Punkt der Vielseitigkeit habe ich der sowjetischen Medizin unendlich viel zu verdanken. In den Großstädten der Sowjetunion – Moskau, Leningrad, Kiew – gab es eine phantastische, breit angelegte medizinische Ausbildung – mit Psychologie, Pathophysiologie, Biologie, Mistologie, Anatomie und vielem mehr. In den klinischen Fächern wurden die praktischen Unterweisungen am Krankenbett in kleinen Gruppen durchgeführt, höchstens acht Studenten. Eine Ausbildung fand statt, die den Menschen stets auch als soziales Wesen betrachtete. Oft denke ich an Dr. Dubinin, unseren Seminarleiter im Fach Haut- und Geschlechtskrankheiten. Ich weiß noch, wie der uns beispielsweise einschärfte – damals nach dem Zweiten Weltkrieg gab es viele Geschlechtskrankheiten, insbesondere Syphilis – : die Patienten immer in Gummihandschuhen zu untersuchen und bei Hausbesuchen stets sehr genau die Lebensverhältnisse in der Wohnung im Auge zu behalten. Und immer wieder impfte er uns ein, daß bei Untersuchungen stets ein Zeuge anwesend sein müsse; der psychische Zustand eines Kranken könne sehr labil sein. Das habe ich mir eingeprägt. Zum Glück. Unmittelbar nach dem Staatsexamen am 1. Moskauer Medizinischen Institut 1951 teilte man mich zur Arbeit in die Estnische Sowjetrepublik ein. Es ist kaum zu glauben, aber gleich nach meiner Ankunft wurde ich zum Chefarzt eines kleinen Kreiskrankenhauses mit angeschlossenem Ambulatorium ernannt. Nach einigen Tagen, es war ein Sonntag, kam eine weinende Frau zu mir gelaufen und erzählte aufgeregt, im Nachbarhause läge die gesamte Familie im Sterben. Ich rannte der Frau hinterher und fand zu meinem Entsetzen fünf Erwachsene und drei Kinder auf der Treppe bzw.

im Wohn- und Schlafzimmer wimmernd und weinend am Boden liegen. Da hatte man mir ja einen furchtbaren »Einstand« bereitet! Eine Verständigung war nicht möglich, estnisch konnte ich nicht, russisch konnten die Betroffenen nicht. Da entdeckte ich in der Küche die Reste einer Kremtorte. Lebensmittelvergiftung! Aus dem Krankenhaus wurden zwei Magensonden hergeholt, und wir begannen mit ausgiebigen Magenspülungen. Die Patienten kamen langsam wieder zu sich. Alle waren gerettet, ich empfand natürlich großen Stolz. Meine Autorität als Arzt hatte sich auf diese Weise schlagartig durchgesetzt. Eines Abends, ich hatte noch im Krankenhaus zu tun, kam unsere Reinigungskraft und bat mich in ihre Wohnung. Die 16jährige Tochter habe starke Bauchschmerzen. Intuitiv nahm ich die diensthabende Schwester mit. Der Bauch des Mädchens war weich, keinerlei akute Symptome. Ich beruhigte die Mutter und veranlaßte die Untersuchung durch unsere Gynäkologin am nächsten Tag. Dabei stellte sich heraus, daß die Tochter keine Jungfrau mehr war. Das erfuhr die Mutter, und zwar mit Entsetzen. Nun stellten beide die Behauptung auf, ich hätte das Mädchen während meines Hausbesuches gynäkologisch untersucht und dabei das Jungfernhäutchen zerrissen. Glücklicherweise hatte ich eine Zeugin – Danke, mein lieber Dr. Dubinin ...

Aber um aufs Thema zurückzukommen, das fachübergreifende Wissen und die enge Kooperation mit anderen medizinischen Fachdisziplinen und rechtswissenschaftlichen Institutionen, dem Gerichtsmedizinischen Institut der Charité usw.: Die Nierentransplantation bietet dafür ein anschauliches Beispiel. Derzeit kann die operativ technische Frage als gelöst betrachtet werden. Der Operateur muß jedoch in der Gefäßchirurgie, in der operativen Urologie, in der Bauchchirurgie gut ausgebildet sein, und natürlich muß eine enge Zusammenarbeit bestehen mit den Nephrologen, den Immunologen, den Biochemikern und Blutspezialisten. Ein wichtiges Problem ist die Auswahl der Nierenspender-Empfänger-Paare, damit die überpflanzte Niere vom Empfängerorganismus nicht abgestoßen wird. Gewebetypisierung und noch andere Tests geben leider keine Garantie; das Nierentransplantat stellt ja für den Empfänger fremdes Eiweiß dar. Im Lauf der Evolution hat sich im menschlichen Körper ein System der immunologischen Abwehr entwickelt, das gewissermaßen über seine eigene Integrität wacht. Fremdes Eiweiß wird als solches erkannt und eliminiert bzw. zerstört. Sehr nützlich, denn die meisten Krankheitserreger sind körperfremdes Eiweiß – könnte sich das ungehindert vermehren, wäre der Tod bei der geringsten Erkältung programmiert. Da das Nierentransplantat also auch körperfremdes Eiweiß darstellt, muß versucht werden, den immunologischen Abwehrmechanismus mit Medikamenten abzuschwächen, aber er darf freilich nicht völlig unterdrückt werden. Dort liegt das Problem. Nach gelungener Transplantation geht es um die kontinuierliche Nachsorge – auch wenn das Transplantat seine Funktion bereits aufgenommen hat und keine Dialyse mehr nötig ist, keine Blutwäsche also, die den Körper entgiftet. In der Regel beeinflußt eine qualifizierte medizinische und soziale Nachsorge die Funktion der neuen Niere nachhaltig. Deshalb hatten wir in der DDR spezielle Nierentransplantationsdispensairs, wo diese Menschen betreut wurden.

HANS-DIETER SCHÜTT: In der DDR gab es ein Gesetz über Organtransplantation.

MORITZ MEBEL: Ja, seit 6. Juni 1975. In der Bundesrepublik erst seit 1997. Soviel ich weiß, haben jetzt in Europa nur Liechtenstein und Holland kein Gesetz, das die Organtransplantation regelt.

HANS-DIETER SCHÜTT: Konnte sich die DDR, Ihr Fachgebiet betreffend, international sehen lassen?

MORITZ MEBEL: Nach Gründung der DDR 1949 gab es 6 urologische Einrichtungen mit etwa 500 Fachbetten. Diese 6 Einrichtungen, teils in konfessionellen Häusern, waren in vier Städten konzentriert, in Berlin, Dresden, Halle und Erfurt. Die ambulante urologische Betreuung wurde 1949 in 5 urologischen Ambulanzen, 2 urologischen Polikliniken sowie durch zehn freipraktizierende Urologen wahrgenommen. 1984 verfügten wir über 65 selbständige urologische Kliniken bzw. Abteilungen mit insgesamt 3 600 Fachbetten und 146 urologische Polikliniken, Ambulanzen bzw. Staatspraxen.

Bereits seit 1974 hatten wir an allen sechs Universitäten und vier Medizinischen Akademien Lehrstühle für Urologie, an die habilitierte Professoren berufen wurden. Jeder Lehrstuhl verfügte über eine Urologische Klinik und Poliklinik. Die WHO-Kennziffer für unser Fachgebiet betrug 1: 60 000, das heißt, auf 60 000 Einwohner ein Urologe. In der DDR kam ein Urologe auf 35 000 Einwohner. Ja, wir konnten uns international sehen lassen.

HANS-DIETER SCHÜTT: Wie fingen Sie an, mit den Nierentransplantationen?

MORITZ MEBEL: Die erste Nierentransplantation sah ich in Moskau, bei Professor Petrowski. Eine Arbeitsgruppe in unserer Klinik studierte das einschlägige Schrifttum. Ich besuchte in der Freien Universität in Westberlin die Urologische Klinik von Prof. Brosig, wo mir Oberarzt Dr. Nagel sehr freimütig seine Erfahrungen mit den ersten Nierentransplantationen mitteilte. Er hat dann auch Vorträge bei uns gehalten. Einer unserer Mitarbeiter reiste in die USA, zu einem Studienaufenthalt. Prof. Dutz in Rostock schickte zur gleichen Zeit Prof. Klinkmann ebenfalls in die USA; er studierte die Problematik der Dialysebehandlung in verschiedenen Kliniken. Von Beginn an vertraten Dutz und ich die Ansicht, daß Transplantation und Dialyse einander ergänzende Verfahren sind, nicht konkurrierende.

Die erste klinische Nierentransplantation in der DDR ist im April 1966 in Halle durch Prof. Rockstroh erfolgt. Leider verstarb der Patient einige Tage danach. Die ersten beiden erfolgreichen Nierentransplantationen in der DDR wurden im Februar bzw. März 1967 bei uns im Friedrichshain durchgeführt. Beide Patienten konnten nach einigen Wochen die Klinik verlassen. Das führte natürlich zu einem erheblichen Auftrieb bei allen Mitarbeitern. Nun widmeten wir auch der Forschungsarbeit auf dem komplizierten Gebiet der Überpflanzung von Leichennieren mehr Aufmerksamkeit. Außerplanmäßig – weder die entsprechenden Gewerke noch das notwendige Baumaterial waren vorhanden – wurde begonnen, eine der drei urologischen Stationen zu einem Nierentransplantationszentrum umzubauen. Es ergaben sich ungeahnte Schwierigkeiten. Beispielsweise mußte eine Firma gefunden werden, die wasserdichte Stark- und Schwachstromanlagen verlegen konnte. Zeitweise gingen die Finanzen aus, aber die ärztliche Direktion fand Auswege. Doch das wichtigste war, daß alle Mitarbeiter der Klinik mithalfen, ohne daß der urologische Betrieb darunter Schaden nahm. Im Dezember 1969 war es soweit – das Zentrum wurde eingeweiht!

HANS-DIETER SCHÜTT: Anfang 1962 waren Sie Chefarzt der Urologischen Klinik und Poliklinik des Krankenhauses im Friedrichshain.

MORITZ MEBEL: Ja, und es stand nun die Aufgabe, eine große Spezialklinik mit 100 Betten und einer angeschlossenen Poliklinik, in der täglich 150 Patienten behandelt werden mußten, zu leiten. Außer mir und dem Oberarzt arbeiteten noch zwei Kollegen aus der ČSSR, die Fachärzte für Urologie waren; die anderen vier Ärzte befanden sich noch in der Ausbildung. Oft schien uns die Arbeit über den Kopf zu wachsen: Neuaufnahmen in der Klinik, zeitraubende komplizierte urologische Spezialuntersuchungen, Operationen, Betreuung der poliklinischen Patienten und Ausbildung der jüngeren Kollegen im Fach. Dazu kamen die Nachtdienste. Die nutzte ich, wenn es die Umstände erlaubten, zum Studium der Fachliteratur. Die vom Dienst freien Sonntage waren der Arbeit an meiner Habilitationsschrift vorbehalten. Ohne das Verständnis meiner Frau, die selbst Abteilungsleiterin in einem Institut war, wäre das alles nicht gegangen.

Zu meinem 40. Geburtstag, im Februar 1963, konnte ich meine Habilitationsschrift dem Rat der medizinischen Fakultät der Charité einreichen. Das Habilitationsverfahren war kompliziert und langwierig. Ende Dezember 1963 hatte ich alle Hürden genommen und erhielt den wissenschaftlichen Grad Dr. med. habil. zuerkannt. Nun konnte ich mich, neben meiner Arbeit als Urologe und Chef, der Nierentransplantation zuwenden. Den Anstoß hatte mir in Moskau Prof. Frumkin gegeben, der sich mit der Nierenüberpflanzung bei Kaninchen befaßt hatte. Auch gab es 1963/64 durchaus schon eine ganze Anzahl klinischer Erfolge mit der Nierenüberpflanzung bei Menschen. Aber die Probleme waren noch erheblich. Internationales Schrifttum galt es zu studieren, gleichzeitig mußten ein tierexperimentelles Modell aufgebaut und, wenn auch in bescheidenem Rahmen, die erforderlichen räumlichen und personellen Voraussetzungen geschaffen werden. Dr. Erdmann, Dr. Neupert und zeitweise auch ich machten uns daran, die Operationstechnik zu erlernen und dabei auch neue Verfahrensweisen auszuarbeiten. Heute klingt das fast unwahrscheinlich, denn inzwischen ist die operative Technik weitgehend standardisiert. Aber damals haben wir in mühseliger Kleinarbeit eine Methode entwickelt, um das Nierentransplantat in das kleine Becken zu transplantieren, ohne die Bauchhöhle öffnen zu müssen. Das ersparte mögliche Komplikationen. Auch wurde in Zusammenarbeit mit Technikern ein spezielles Operationsinstrument entwickelt, das es ermöglichte, die Verbindung der Gefäße des Transplantats mit den großen Beckengefäßen des Empfängers statt in 35 bis 45 Minuten mit der Hand innerhalb von wenigen Minuten herzustellen. Als alle Etappen der Operation, wie man so sagt, standen und jeder Handgriff saß, war dennoch lediglich ein erster Schritt getan.

Denn gleichzeitig wurden die Arbeiten am ganzen Komplex, der zur Überpflanzung gehört, weitergeführt. In erster Linie mußten die Fragen der Unterkühlung und Durchspülung der zur Transplantation vorgesehenen Niere bewältigt werden. Die Zusammensetzung verschiedener Spülflüssigkeiten war uns aus dem Schrifttum bekannt. Also brauchte die Apotheke nur das Rezept zu beachten. Genau wurde die vorgeschriebene Zusammensetzung befolgt und entsprechend die Spülflüssigkeit zusammengestellt. Die zur Überpflanzung vorgesehene Niere wurde mit dieser Flüssigkeit durchspült, doch nach wenigen Sekunden kam es zur Ausfällung von Salzen, die die Gefäße der Niere verstopften. Die Niere war nicht mehr zu gebrauchen, sie mußte verworfen werden. Gott sei Dank handelte es sich nur um ein Tierexperiment. Neue Untersuchungen, neue Versuche, neue Auswertungen. Bald stellte sich heraus, daß der Verfasser bei der Rezeptur und der Methode der Nierendurchspülung ein kleines Detail weggelassen hatte. Es war aber entscheidend.

HANS-DIETER SCHÜTT: Im Zuge der Vorbereitung auf die Nierentransplantation in der DDR hatten Sie auch wieder die Möglichkeit, Institute im westlichen Ausland zu besuchen, die sich mit dieser Problematik befaßten.

MORITZ MEBEL: Ja. Wir wurden sehr zuvorkommend empfangen, fruchtbare Diskussionen fanden statt, doch leider hatte keiner von uns die Gelegenheit, bei einer Nierentransplantation zugegen zu sein. Außer bei Petrowski in Moskau. Wie es eben der Zufall wollte – gerade wenn wir da waren, klappte es mit der Transplantation nicht. Zu dieser Zeit hatte die klinische Nierentransplantation noch Seltenheitswert. Jeder praktische Schritt mußte von uns selbst erarbeitet werden. Und es gab viele Fragenkomplexe im Zusammenhang mit der Nierentransplantation, die weder theoretisch noch praktisch in der Welt gelöst waren. Allein die immunbiologische Abwehrreaktionen des Empfängerorganismus gegen die transplantierte Niere – das zentrale Problem! Diese Reaktionen galt es zu verstehen und zu minimieren. Die internationalen Erfahrungen waren noch sehr gering; hinzu kam, daß die Methoden überall anders gehandhabt wurden. Auch hier mußten wieder eigene Erfahrungen gesammelt werden.

Inzwischen waren wir ein großes Kollektiv geworden: die Berliner Arbeitsgemeinschaft für Nierentransplantation, deren Kern unsere Klinik und die Nephrologische Abteilung der II. Medizinischen Klinik der Charité bildete. Eine Vielzahl von kleinen und großen medizinischen Institutionen müssen ja Hand in Hand arbeiten, damit die Voraussetzungen für eine erfolgreiche Nierentransplantation geschaffen werden können. Es erwies sich als schwierig, einige Wissenschaftler davon zu überzeugen, daß ihre Mitarbeit für das Gelingen der Nierentransplantation äußerst wichtig ist. Im Prozeß der Arbeit haben wir alle zusammengefunden. Seit unseren ersten Tierversuchen waren fast drei Jahre vergangen. Während dieser Zeit hatten wir alle Aspekte der Nierentransplantation eingehend studiert und – soweit möglich – im Tierexperiment erprobt.

HANS-DIETER SCHÜTT: Aber die Ergebnisse des Tierexperiments können und dürfen doch nur bedingt und mit Vorbehalt auf den Menschen übertragen werden.

MORITZ MEBEL: Natürlich. Der menschliche Organismus unterscheidet sich in wesentlichen Aspekten vom noch so hoch organisierten Tier. Der Sprung vom Experiment in die Klinik ist also nicht leicht. Aber man kann und muß ihn wagen, wenn nach menschlichem Ermessen und im Einklang mit den neuesten Erkenntnissen der Wissenschaften jegliche denkbare Vorsorge für das Gelingen des Eingriffs in der Klinik getroffen ist. In unserem Arbeitskreis kamen wir übereinstimmend zu der Auffassung: Es ist soweit. Wir entschlossen uns, für die erste Nierentransplantation die Niere von einem Lebendspender zu nehmen. Das hat eine Reihe von Vorteilen. Spender und Empfänger können genau auf den Zeitpunkt der Operation vorbereitet werden. Sind Spender und Empfänger Blutsverwandte ersten Grades, so ist die Wahrscheinlichkeit, daß die transplantierte Niere abgestoßen wird (immunbiologische Abwehrreaktion), verhältnismäßig gering. Der größte Nachteil dieses Verfahrens ist, daß die Spenderniere bei einem vollständig gesunden Menschen entnommen werden muß.

Sind wir berechtigt, in diesem Fall das Operationsrisiko außer acht zu lassen? Diese quälende Frage stellt sich jedem Operateur. Es ist doch ein gewaltiger Unterschied, ob ich einen kranken Menschen operiere, um ihm zu helfen, um ihn wieder gesund zu machen, und hierbei kommt es zu einer Komplikation, unter Umständen sogar mit tödlichem Ausgang, oder ob ich einen absolut gesunden Menschen auf den Operationstisch lege und ihm ein gesundes Organ entferne. Auch wenn diese Operation absolut freiwillig geschieht, um einem anderen Menschen, meistens einem sehr Nahestehenden, das Leben zu retten, das Operationsrisiko bleibt. Bin ich als Arzt und Mensch berechtigt, diesen Eingriff durchzuführen, obwohl ich nicht einmal garantieren kann, daß dieses Opfer der Spende unbedingt zu dem erhofften Erfolg bei dem Empfänger führt?

Bei den Empfängern der Nieren ist die Sachlage eindeutig. Hier handelt es sich ausschließlich um todkranke Menschen, bei denen die eigenen Nieren endgültig versagt haben. Die Nierentransplantation ist für sie ein lebensrettender Eingriff, obwohl, noch heute, nur auf eine begrenzte Zeit. Aber wer wäre so vermessen und wollte urteilen, was für einen todkranken Menschen gerettetes Leben über viele Monate bis hin zu Jahrzehnten bedeutet. Wer hat das Recht, das Leben eines kranken Menschen nicht zu verlängern, wenn es in seiner ärztlichen Macht steht! Aber darf ich einen gesunden Menschen operieren und das Operationsrisiko eingehen, um einen Todkranken zu retten? Diese Frage drängt sich dem Arzt unwillkürlich immer wieder auf. Das Gesetz erlaubt es, doch ist die Entscheidung im praktischen Leben äußerst schwer. Hier spielen nicht nur medizinische Faktoren eine Rolle, sondern ausschlaggebend können auch soziale Momente sein. Und wenn eine Mutter oder ein Vater von mehreren Kindern auch noch so innig darum bitten oder sogar fordern, eine Niere für eines der erkrankten Kinder spenden zu dürfen, so muß unter Umständen die Kraft zum entscheidenden »Nein« gefunden und aufgebracht werden. Aber solche Situationen sind glücklicherweise Ausnahmen ...

Die Patientin war achtzehn Jahre alt. Eine schwere Erkrankung hatte zum völligen Versagen beider Nieren geführt. Sie konnte nur mit der künstlichen Niere am Leben erhalten werden. Die Erkrankte drängte auf eine Nierentransplantation, sie hatte darüber in der Zeitung gelesen. Die Eltern waren für ihr einziges Kind zu jedem Opfer bereit. Die klinischen Untersuchungen der Eltern ergaben, daß die Mutter sich zur Nierenspende am besten eignete.

Im Kreis der beteiligten Ärzte wurden alle Untersuchungsergebnisse nochmals eingehend überprüft und ausgewertet. Das entscheidende Gespräch mit den Eltern und der Tochter stand bevor. Zuerst sprachen wir mit den Eltern und teilten ihnen mit, daß die Mutter als Spenderin in Frage käme. Ganz offen wurden noch einmal in allen Einzelheiten die Risiken der Nierenspende besprochen und auch auf die möglichen, sogar tödlichen Komplikationen beim Empfänger eindringlich hingewiesen. Wir schlugen den Eltern vor, die ganze Angelegenheit nochmals zu überdenken und uns in einigen Tagen die endgültige Antwort zu geben. Erst dann wollten wir mit der Tochter sprechen. Die

Eltern wehrten entschieden ab. Trotz aller aufgezeigten Risiken war die Mutter bereit, zu spenden. Wir baten die Tochter ins Besprechungszimmer. Alle Aspekte der Nierentransplantation, die sowohl für die Mutter als auch für die Tochter von Interesse sein konnten, wurden nochmals besprochen. Es herrschte in der Familie Einmütigkeit: Die Mutter war bereit, zu spenden. Die Tochter war bereit, die Spende anzunehmen und sich operieren zu lassen. Wir verabschiedeten uns von den Eltern und von unserer jungen Patientin mit einem festen Händedruck. Er beinhaltete vieles.

Die unmittelbare Vorbereitung zur Nierentransplantation lief sofort an. Zwei Krankenzimmer wurden zu einer provisorischen, aber mit allen notwendigen Überwachungsmitteln ausgestatteten Transplantationseinheit hergerichtet. Die Räume wurden sorgfältig vorbereitet, entkeimt. Das medizinische Personal für die postoperative Betreuung der Patientin war in alle Einzelheiten eingewiesen. Zwei Operationsbrigaden (eine zur Nierenentnahme bei der Mutter und die andere zur Nierenüberpflanzung bei der Tochter) wurden zusammengestellt. Genau wurde der Operationsablauf festgelegt. Die Anästhesie übernahm der Chefarzt der Anästhesieabteilung. Die Vorbereitung der Empfängerin zur Operation wurde unmittelbar vom Direktor der II. Medizinischen Klinik der Charité, Prof. Dutz, überwacht. Dann war es soweit. In Narkose wurde die Spenderin in den einen Operationssaal gefahren und kurze Zeit darauf die Tochter in den anderen. Nach viereinhalb Stunden war die erste Nierentransplantation erfolgreich beendet.

Die erste Hürde war genommen. In der postoperativen Phase kam es zu Komplikationen, so daß die Empfängerin nach acht Tagen nochmals operiert werden mußte. Doch nach zwei Wochen konnte sie mit einer gut funktionierenden Niere entlassen werden. Sie heiratete dann, war berufstätig und glücklich, ebenso wie ihre Eltern und wie wir alle, die dazu beigetragen haben, ihr Leben zu verlängern. Fünf glückliche Jahre konnten wir ihr schenken, dann verstarb die Patientin an einer Komplikation.

HANS-DIETER SCHÜTT: Sie sprachen von notwendigen internationalen Kontakten. Mußten Ärzte, die mit Ihrer Erlaubnis ins westliche Ausland reisten, in der SED sein?

MORITZ MEBEL: Nein. Eine einzige Voraussetzung mußten sie erfüllen, aber in dieser Hinsicht blieb ich kompromißlos: Meine Mitarbeiter mußten wissenschaftlich arbeiten und englisch lernen; russisch konnten viele sich verständigen. Und weil ich gerade bei Prinzipien bin – auch ein weiteres Prinzip galt bei mir, in Friedrichshain wie in der Charité: Niemand wurde Oberarzt, der nicht habilitiert war. Alle Ärzte waren Fachärzte für Urologie bzw. befanden sich in der fachärztlichen Ausbildung. Außerdem hatte jeder Oberarzt noch ein Spezialgebiet zu betreuen. Beispielsweise das Harnsteinleiden, die bösartigen Tumore, die Kinderurologie, die Tuberkulose des Urogenitalsystems usw. Die Kollegen einer jeden Arbeitsgruppe mußten den allerneuesten Stand auf ihrem Gebiet aus dem »ff.« kennen und darlegen können.

Noch ein Wort zum Reisen: Ein guter Arzt hat auch hochgestellte Leute als Patienten. Außerhalb des Krankenhauses, in ihren Büros, habe ich ihnen manche bittere Wahrheiten gesagt. Beispielsweise im Zusammenhang mit den Reisekadern: Alle Ärzte sollten sich für den Sozialismus einsetzen, aber dann wurde ausgewählt, wer reisen darf. Unmöglich! Mal ganz abgesehen davon, daß ich diese Art Auswahl immer ablehnte, habe ich – das werden Ihnen meine Schüler bestätigen – oft, wegen Devisenmangel, meine Reisen an Kollegen abgegeben. Mitarbeiter in Reisekader und Nichtreisekader zu teilen, war grotesk. Für die Devisenfrage hätte man staatlicherseits eine Antwort finden müssen. Für die Entwicklung eines Wissenschaftlers, eines Menschen überhaupt, ist es außerordentlich wichtig, andere Länder, andere Nationen kennenzulernen – in Ost, West, Nord und Süd. Natürlich vergesse ich dabei nicht, daß mancher Arzt und manch anderer Spezialist in Westdeutschland abgeworben wurde oder auch von selber wegblieb. Einer Entspannung der Lage arbeitete das nicht unbedingt zu.

HANS-DIETER SCHÜTT: Wenn eine Nierentransplantation stattfinden sollte – welche Absicherungen gingen der Operation voraus?

MORITZ MEBEL: Bei der sogenannten Lebendspende mußte der Bezirksarzt oder sein beauftragter Stadtbezirksarzt, wenn die Vorbereitungen meinerseits abgeschlossen waren, trotzdem noch einmal mit dem Patienten und den Angehörigen des Spenders sprechen. Danach wurde ein Protokoll unterzeichnet. Bei der Leichennierentransplantation galten andere Regeln. Der Hirntod der Leiche wurde von einem dreiköpfigen Spezialistenteam festgestellt, darunter unbedingt einem Neurologen oder Neurochirurgen. Die an der Feststellung des Hirntodes Beteiligten durften nicht die Transplanteure sein.

HANS-DIETER SCHÜTT: Waren Sie aufgeregt vor Operationen?

MORITZ MEBEL: Ja, und ich halte das für ein gutes Zeichen. Es schützt vor gefährlicher Routine. Frumkin, mein Moskauer Lehrer, der sehr gern und hervorragend operierte – er sagte immer: Wenn du zur Vorlesung gehst und nicht mehr aufgeregt bist, laß es sein, und wenn du vor einer schweren Operation nicht aufgeregt bist, leg schnellstens das Messer aus der Hand.

HANS-DIETER SCHÜTT: Was ging mit dem Ende der DDR an Erfahrungen mit der Nierentransplantation verloren, sei es nun aus bewußter Ablehnung von DDR-Know-how oder aus logischen Konsequenzen, die mit Marktmechanismen zu tun haben?

MORITZ MEBEL: Es gibt viele Aspekte, die bei der Nierentransplantation beachtet werden müssen, ich will nur ein paar der Dinge nennen, die in der DDR einheitlich geregelt waren. Nierenüberpflanzungen durften nur in speziell ausgerüsteten Zentren durchgeführt werden. Es gab davon drei, je eins in Berlin, Halle und Rostock, 1990 sollte ein weiteres in Karl-Marx-Stadt entstehen. Internationale Erfahrungen zeigen, daß in einer Klinik mit weniger als 30 bis 35 Nierentransplantationen pro Jahr die Ergebnisse schlechter sind. Die Vorbereitung der Transplantatempfänger, in der Regel Dialysepatienten, wurde in enger Kooperation mit den entsprechenden Dialyseabteilungen vorgenommen. Bei den oft langen Wartezeiten bis zur Transplantation – eine geeignete Spenderniere mußte ja erst vorhanden sein – wurde viel Wert darauf gelegt, daß die Patienten an dialysefreien Tagen einer beruflichen Tätigkeit nachgehen konnten. Durch Vermittlung der Bezirksärzte wurden solche geschützten Arbeitsplätze zur Verfügung gestellt. Der Patient gewann an Selbstvertrauen. Auch gab es Erholungsurlaub an der Ostsee. Im Krankenhaus des Ostseebades Koserow befand sich eine kleine Dialyseabteilung, die wurde abwechselnd von Fachleuten des Nierentransplantationszentrums Berlin sowie der Universität Rostock und der Charité betreut. In dialysefreien Zeiten konnten sich Patienten, gemeinsam mit ihren Angehörigen, im Heim des Gewerkschaftsbundes erholen. Natürlich unentgeltlich.

Die Spender-Empfänger-Auswahl nach für alle verbindlichen Kriterien, ein auch international nicht gelöstes Problem, haben wir in der DDR einheitlich gehandhabt. Obwohl umstritten, wurde bei allen die Gewebetypisierung durchgeführt, und die größte Übereinstimmung bei Spender und Empfänger war dafür ausschlaggebend, wer die Niere bekam. Wichtig auch: die Dosierung und Kombination der Medikamente während und nach der Operation – und dann auch im Langzeitverlauf. Mitunter ging das ja über Jahre, wobei die Funktion der transplantierten Niere engmaschig kontrolliert werden muß. Um das zu gewährleisten, existierte eine ganze Reihe Dispensairs. Wenn diese aber abgeschafft sind und heute ein niedergelassener Arzt, sagen wir zwei oder drei transplantierte Patienten betreut, dann kann sich nicht jene Erfahrung und Verläßlichkeit einstellen wie bei einer qualifizierten Dispensairbetreuung.

HANS-DIETER SCHÜTT: Zitat Moritz Mebel: »Seitdem 1954 Murray und Merill in Boston die erste Nierentransplantation zwischen eineiigen Zwillingen erfolgreich durchführten, wurden weltweit etwa 450 000 Nierentransplantationen vorgenommen. Dennoch entspräche es nicht den Tatsachen, wollte man das Problem der Nierentransplantation als gelöst betrachten.«

MORITZ MEBEL: Die Lebendspende stellt auch derzeit einen wesentlichen Anteil am verfügbaren Pool von transplantierten Nieren, besonders in den nordischen Staaten. Sowohl die Transplantatfunktion als auch das Empfängerüberleben im Langzeitverlauf sind gut, besser jedenfalls als bei Transplantationen von Verstorbenen. Ob eine erweiterte Zustimmungslösung zur Organentnahme bei Verstorbenen allerdings den ethisch-moralischen Ansprüchen unserer Zeit entspricht, muß die Zukunft erst zeigen. Der sichere Nachweis des Todes ist eine absolute Voraussetzung für die Organentnahme. Meistens handelt es sich um Patienten, die bei Verkehrsunfällen oder anderen Katastrophen auf Notfall- bzw. Intensivpflegestationen trotz jedmöglicher medizinischer Hilfeleistung versterben. In der Regel fehlt ein Organspenderausweis oder eine schriftliche Zustimmungserklärung. Welcher Mensch wollte schon an so einen unverhofften Tod denken! Nach Schätzung von Experten treffen in Deutschland nur etwa drei bis fünf Prozent aller Menschen zu Lebzeiten eine entsprechende Entscheidung. Liegt diese nicht vor, kommt das Totensorgerecht zur Anwendung: Die nächsten Angehörigen bis hin zu den Großeltern müssen und dürfen um Zustimmung gefragt werden. Dadurch sollen Wille und Würde des Verstorbenen gewahrt bleiben. Bestanden enge verwandtschaftliche Beziehungen und Bindungen, so werden die Hinterbliebenen von Ärzten zu einem Zeitpunkt um eine Entscheidung gebeten, die nicht selten ihre Gefühle zutiefst verletzt. Wo bleibt da die Barmherzigkeit? Oft sind Angehörige unsicher, ob sie mit ihrer Entscheidung zur Organentnahme dem Willen des Verstorbenen wirklich entsprechen. Wird die Würde des Verstorbenen nicht auch dadurch gewahrt oder gar auf eine höhere Stufe gehoben, wenn er mit seinem Organ helfen kann, Leben zu retten? Das ist ein Thema, das auch in Zukunft immer wieder Diskussionen auslösen wird.

HANS-DIETER SCHÜTT: Professor Mebel, wie bezeichnen Sie Ihr Leben in der DDR und wie die Vereinigung beider deutscher Staaten? Wende, sanfte Revolution? Beitritt?

MORITZ MEBEL: Meine Frau und ich sprechen von Friedenszeiten und vom Anschluß. Wohl wissend, daß die Mehrheit der Abgeordneten der Volkskammer für den Beitritt zur Bundesrepublik Deutschland gestimmt hat.

»Ich habe beste Erinnerungen
an die Karl-Liebknecht-Schule.«

Das zweite Gespräch

über

Die Flucht, getarnt als Ferienfahrt
Ankunft in einem verwirrenden Moskau
Karl-Liebknecht-Schule des Internationalismus
Russe unter Russen
Daniil Granin und ein Irrtum
Luftschutzdienst statt Krimreise
Molotows Zähneklappern
Angst vor der »Fünften Kolonne«
Schauprozesse und Verdrängungen

Alles, was geschieht, ist Symbol,
und indem es vollkommen sich selber darstellt,
deutet es auf das Übrige.

GOETHE

HANS-DIETER SCHÜTT: Prof. Mebel, was würden Sie im Hinblick auf das, was Sie in früher Kindheit erlebten, als prägend fürs ganze Leben bezeichnen? Was fällt Ihnen da spontan ein?

MORITZ MEBEL: In der Rüdigergasse in Erfurt war ein privater Kindergarten, ich sehe die Kindergärtnerin noch vor mir, eine Frau mit Sommersprossen ... Also, es prägt schon sehr, ob ein junger Mensch in Liebe aufwächst oder nicht – ich hatte diese Liebe. Das Behütetsein ist eine entscheidende Kategorie beim Heranwachsen. Lebensprägend war für mich aber eindeutig die Karl-Liebknecht-Schule in Moskau. Wir werden ja darüber reden. Dort bekam ich die wesentlichen Grundlagen für Bildung, Zusammengehörigkeitsgefühl und politisches Denken.

HANS-DIETER SCHÜTT: Bleiben wir noch in Erfurt ...

MORITZ MEBEL: Ich ging in die Barfüßerschule, alles begann mit obligatorischer Zuckertüte, die Schuleinführung war ein großes Ereignis für mich. Allerdings mischten sich rasch bittere Erlebnisse in die anfängliche Schuleuphorie. Unser Klassenlehrer hatte eine schlimme Angewohnheit: Schüler, die er strafen wollte, mußten ihre Hände vorstrecken, und er schlug mit dem Lineal auf die Fingerspitzen. Meine Eltern intervenierten scharf, sie nahmen mich gegen diesen Lehrer in Schutz. Wir wohnten Michaelisstraße 44, unweit der Krämerbrücke. Das Haus steht übrigens heute noch, und zwar unter Denkmalschutz, weil kurzzeitig mal Martin Luther drin wohnte. Die Wohnung lag im zweiten Stock, es waren vier Zimmer. Zum Baden wurde einmal in der Woche eine große Zinkwanne hereingeschleppt. Ich erinnere mich an das große Zimmer, rechts ein gekachelter Ofen, links ging es in die gute Stube – nur wenn Besuch kam, durfte man diesen Raum betreten. Im Keller existierte ein zugemauerter Gang, der sollte angeblich bis zum Dom führen. Ich fürchtete mich, wenn ich Äpfel und Briketts hochholen sollte. Es ist interessant, was einem so einfällt, wenn jemand nach Erinnerungen fragt. Ich versuche, mich dieser spontanen Erinnerung auszuliefern, es sind aber ziemlich unwichtige Details. Ab und zu mußte ich zum Bäcker, eine Torte kaufen, die kostete eine Mark. Der Weg führte über den Fischmarkt, das kam mir wie eine Weltreise vor, ich meckerte auch jedesmal, wenn ich diesen Auftrag bekam, Torte zu kaufen. Nach dem Krieg ging ich die Strecke noch mal, buchstäblich ein Klacks, ich habe nicht ergründen können, warum ich mich damals so sperrte. Ebenfalls erinnern kann ich mich ans Rote Treffen in Erfurt, Anfang der dreißiger Jahre, vor dem Dom, auf dem Marktplatz. Ich sehe die Kolonnen mit roten Fahnen durch die Straßen ziehen. Während dieser Tage kam mehrmals der Korrespondent der »Prawda« zu uns nach Hause. Die Sprechanlage auf den Domstufen wurde von meinem Vater installiert. Man merkte schon, es wurde politisch ungemütlich. Die Arbeitslosigkeit wurde immer größer, auch mein Onkel Mitja hatte keine Arbeit – er ist dann mit seiner Frau, meiner Tante Marie, 1928 in die Sowjetunion gefahren, nach Moskau. Onkel Mitja starb 1956, er ist auf dem jüdischen Friedhof Wostrekowa in Moskau beigesetzt. Tante Marie verstarb 1964 in Berlin. Meine andere Tante, Enne, und Onkel Juscho aber blieben in Deutschland. 1943 wurde Tante Enne mit ihren drei Kindern nach Auschwitz deportiert. Onkel Juscho war es 1938 noch gelungen, Deutschland zu verlassen, er ging nach Argentinien und wollte die Familie nachholen. Daraus wurde nichts ...

Zu meiner Erinnerung gehört auch, daß ich verkloppt wurde – weil ich Jude war. Denn schon Anfang der dreißiger Jahre hieß es nicht selten: Itzig und Stinkjude. Die SA ging in braunen Uniformen durch die Straßen, man grüßte einander laut mit »Heil Hitler!« Am Anger, an der Ecke zur Bahnhofsstraße, in Richtung Fischmarkt, saß links auf einem Klappstuhl einer in

SA-Uniform und verkaufte den »Völkischen Beobachter«. Auch an den Steiger erinnere ich mich, dort gab es einen Ausflugsort am Rande Erfurts; manchmal wurden sonntags Stullen gepackt, und die Familie machte Picknick. Großmutter Klara, Mutter, Vater, meine Schwester Susi (sie war fünf Jahre älter als ich) und ich. Wir saßen im Garten, auf dem Podium spielte ein Orchester, und ich stand mit anderen Jungs vorn an der Bühne und dirigierte. Meine Mutter steckte mir einen Fünfziger zu, meiner Schwester auch, denn in der Ecke rechts vor der Bühne wurden Thüringer Bratwürste gebraten und für 50 Pfennig das Stück verkauft. Die Wurst mußte dort vorn gegessen werden, weil Großmutter das nicht sehen durfte. Sie war fromm. Solange sie lebte, wurden die jüdischen Riten im Hause eingehalten, das koschere Essen zum Beispiel. Vorm Passafest, dem jüdischen Osterfest, wurde alles gereinigt, vom Boden neues Geschirr heruntergeholt, die Töpfe mußten ausgekocht werden. Ich erinnere mich an gutes Essen, Knödel auf jüdische Art. Zu Ostern gab es auch ein Glas Wein für den Messias, Vater saß in einer Ecke, versteckte ein Stück Mazze unterm Kissen, das mußten wir Kinder unbemerkt hervorholen. Gelang es, durften wir uns was wünschen. Dann las Vater hebräisch vor, den Hut auf dem Kopf. Wenn die Großmutter mal nicht da war, aßen wir Schinken mit Mazze. Doch der Respekt gegenüber der Großmutter war immer sehr groß; wir hatten ein schlechtes Gewissen, wenn wir hinter ihrem Rücken die Regeln durchbrachen. Sie hatte ein kleines Weißwarengeschäft in der Marktstraße. Sicher haben die Eltern die Großmutter unterstützt, der Laden lief wahrscheinlich wenig ertragreich. Großmutter – sie starb 1931 – war eine weißhaarige, gut aussehende Frau. Nie erfuhr ich als Kind, daß sie Analphabetin gewesen ist. Das wurde in der Familie sorgsam kaschiert. Sie war Köchin im Hause meines Großvaters gewesen, und der stammte aus wohlsituierter jüdischer Familie, aus Lemberg. Großvater verliebte sich in diese Köchin, sie heirateten, obwohl er daraufhin kurzerhand enterbt wurde, wegen dieser unstandesgemäßen Beziehung. Auf Jahrmärkten reisten sie mit einer Weißwarenbude herum. Elf Monate vor meiner Geburt starb Großvater. Ja, Großmutter hinterließ einen starken Eindruck auf mich. Acht Kinder brachte sie zur Welt, fünf verstarben, noch als sie klein waren. So blieben drei Töchter. Tante Marie war die Älteste, dann kam meine Mutter, Fanny, dann Tante Enne. Alle drei haben Ingenieure geheiratet, zwei davon waren Russen – mein Vater und Onkel Mitja; Onkel Juscho kam aus Polen. Großmutter nannte mich immer Munjo – gutes Herzchen. Munjo hieß mein verstorbener Großvater.

HANS-DIETER SCHÜTT: Lernten Sie hebräisch?

MORITZ MEBEL: Ja, aber nur sehr kurze Zeit, und das Neue Testament kannte ich auch ganz gut.

HANS-DIETER SCHÜTT: Ihr Vater, Professor Mebel, war Diplomingenieur, und zwar in einer Gießerei.

MORITZ MEBEL: Ja, und dann arbeitslos, später Inhaber einer »Thüringer Beleuchtungszentrale«. Was so hochtrabend klingt, war ein kleines Geschäft mit Elektrosachen. Nachdem Großmutter gestorben war, half auch Mutter mit in diesem Geschäft. 1929 machte sie sich selbständig und eröffnete in der Erfurter Markstraße ein Geschäft »Elektrohaus Fanny Mebel«. Wir lebten nicht schlecht, aber allzu große Sprünge konnten wir uns nicht erlauben. Manchmal im Sommer, zu den Ferien, gab es einen zweiwöchigen Aufenthalt in Friedrichroda. Eine aufregende Weltreise. Dort hatten meine Eltern offenbar Bekannte, und sie mieteten bei ihnen zwei Räume. Einen Raum für die Erwachsenen, einen für die Kinder. Die Eltern kamen jeweils am Wochenende, wir blieben mit Großmutter die zwei Wochen über. Vom Bahnhof bis zur Logis durfte ich auf einem Pferd reiten, das war das eigentliche Abenteuer.

HANS-DIETER SCHÜTT: Lebten Sie in einem politisch aktiven Elternhaus?

MORITZ MEBEL: Meine Eltern waren Mitglieder des Bundes der Freunde der Sowjetunion. Mutter war Mitglied der KPD. Sie war blond, und sie hatte blaue Augen. Sie sah überhaupt nicht jüdisch aus. Natürlich verstand ich nicht, warum die Menschen eingeteilt wurden in Juden und Nichtjuden. Ich war stolz auf meine Eltern und der Meinung, es sind gute Menschen. Vater, Chaim Mebel, stammte aus Tschetschersk, einer kleinen Ortschaft in Belorußland. Darüber wurde nicht viel gesprochen. Mein Großvater väterlicherseits, den ich nie gesehen habe, war Rabbiner in einer kleinen Gemeinde. Drei Söhne gab es in der Familie, und allen dreien war im zaristischen Rußland das Studieren verwehrt. Finkel, der Älteste, wanderte nach Amerika aus, ich habe ihn nie gesehen. Vater, der Jüngste, ging nach Deutschland, nach Arnstadt, an die Technische Hochschule, in Odessa hatte er vorher das Technikum absolviert. Den mittleren Bruder sah ich 1932/33 in Moskau, ein paar Mal, dann nie wieder.

HANS-DIETER SCHÜTT: Wurde bei Ihnen zu Hause russisch gesprochen?

MORITZ MEBEL: Nein. Meine Mutter konnte kein Russisch.

HANS-DIETER SCHÜTT: 1932 emigrierten Sie nach Moskau. Die wahren Gründe Ihrer Abreise aus Erfurt und daß die Trennung von Zuhause wahrscheinlich für immer sein würde – wurde Ihnen das verheimlicht?

MORITZ MEBEL: Ja. Wir fahren, hieß es, nur für ein paar Wochen zu Tante Marie nach Moskau. Ich sollte Spielsachen mitnehmen. Die wollte ich aber dalassen, logisch, denn für die paar Wochen brauchte ich doch gar keine. Ich verstand überhaupt nicht, was die Erwachsenen sich da für Sorgen machten, indem sie trotzdem Spielsachen einpackten. Daß die Nazis immer dreister wurden auf den Straßen, das hatte ich zwar schon mitbekommen, aber was das für Folgen für uns haben könnte, darüber fiel in meiner Anwesenheit zu Hause nie ein Wort. Ich war ja auch viel zu jung. Mutti, Susi und ich fuhren nach Moskau, Mitte 1932. Bis auf die Arbeitslosen und die Nazis war es für mich die Abreise aus einer intakten Umgebung, in die ich bald zurückkehren würde. Lediglich ein einziger Koffer wurde mitgenommen, die anderen waren aufgegeben worden. Mein Vater blieb zurück – der organisierte sozusagen, wie ich später erfuhr, die »Abwicklung«, erst im März 1933 kam er nach. Als er in Moskau ankam, erzählte er, vor der Abreise noch eine Genossin in Berlin-Moabit besucht zu haben – oh, da habe er ja eine Menge riskiert, hieß es. Das registrierte ich so nebenbei, begreiflicherweise ohne Verstand für die Gefährlichkeit der Lage in Deutschland. Aber, wie man sieht: Die Bemerkung hat sich mir eingeprägt. Für mich war es, auch als wir nach ein paar Wochen noch immer nicht nach Erfurt zurückkehrten, trotzdem nur eine verlängerte Ferienreise. Es hatte ja in Erfurt auch keine besondere Verabschiedung von Tante Enne gegeben. Erst nach und nach wurde mir klar, daß wir länger bleiben würden. Aus Deutschland hörte man, wie stark die Nazis wurden, die Nachricht vom Reichstagsbrand erreichte uns, und als Hitler an die Macht kam, hieß es ganz eindeutig: Nun können wir nicht zurück. Natürlich wußte ich noch immer nicht, daß diese Flucht, diese Ausreise von Anfang an geplant war. Übrigens arbeitete Vater dann in Moskau in der Gießerei jenes Betriebes »Sawod Iljitscha«, in dem das Attentat auf Lenin verübt worden war.

HANS-DIETER SCHÜTT: Wie war die Ankunft in Moskau?

MORITZ MEBEL: Erst mal die Reise selbst! An der Grenze zwischen Polen und der Sowjetunion, in Nikozeloje, auf einer Holzbrücke, sah ich den roten Stern mit Hammer und Sichel, dem Wappen der Sowjetunion, und einen Rotarmisten. Ich war begeistert. Weniger begeistert war ich, als ich in dem Coupé, in dem wir fuhren, oben aus dem Bett herausfiel, weil es keine Riemen zum Festschnallen gab. Merkwürdig, was das Gedächtnis so festhält. Fast 48 Stunden dauerte die Reise. Am Belorussischen Bahnhof in Moskau wurden wir von Onkel Mitja und Tante Marie abgeholt. Um den Bahnhof herum lungerten die Verwahrlosten. Es war ein verwirrender Anblick für mich. Auf der Brücke saßen diese schmutzigen, heruntergekommenen Menschen. Sie verkauften Zigaretten, fünf Kopeken das Stück. Wir fuhren mit einer Pferdekutsche. Die Straßen trugen Kopfsteinpflaster, es schüttelte fürchterlich. Die Schaufenster der Geschäfte waren vernagelt. Die Menschen, die uns begegneten, machten einen sehr abgerissenen Eindruck. Aber so grau das Straßenmilieu auch war – andererseits kann ich mich an den sehr gepflegten »Zentralen Kultur- und Erholungspark« erinnern. Hier waren immer viele Menschen; es war ein beliebter Treffpunkt von Alt und Jung. Gemeinsam wurden Lieder eingeübt und gesungen, begleitet von der Musik einer Ziehharmonika. Man tanzte Volkstänze. In einer großen Halle konnte man sich Gesellschaftsspiele ausleihen. Es gab mehrere Bibliotheken, eine Reihe Volleyballplätze. Entlang der Moskwa gelangte man in ein großes Waldgebiet. Vor den wenigen Restaurants: riesige Warteschlangen. Was fiel mir noch auf? Die Straßenbahnen waren damals so überfüllt, daß draußen dicke Menschentrauben an den Türen hingen. Lebensgefährlich. Ganz allein und mit solch einer Bahn zur Tante zu fahren, war später übrigens mein erstes großes Moskau-Abenteuer, das ich vor allen Erwachsenen verheimlichte. Hinterher, als es herauskam, gab es Krach deswegen – und zugleich bezeugten alle ihren Stolz, daß ich es immerhin geschafft hatte ... Ich war von unserer Karl-Liebknecht-Schule aus im Geographiezirkel des Zentralhauses der Pioniere. Wir lernten, uns im Wald zu orientieren, machten Ausflüge in die Moskauer Umgebung, zelteten am See in Istra, sangen dort am offenen Feuer. Ich glaube, es war 1935, als wir mit dem Zirkel zehn Tage nach Leningrad fuhren. Ein unvergeßliches Erlebnis. Ich bekam schnell, wenn auch begrenzt, einen ganz guten Einblick in den sowjetischen Alltag. Später baute man große breite Asphaltstraßen. Wo ich zu unserer Ankunft noch zugenagelte Schaufenster gesehen hatte, öffneten mehr und mehr Geschäfte. Ich weiß nicht, wie die Lage woanders war – in Moskau und Leningrad ging es bemerkenswert voran. Die Bauern mit den Bastschuhen verschwanden aus dem Straßenbild. Auch die Rekonstruktion und Modernisierung von Moskau habe ich erlebt. Die Twerskaja, die spätere Gorkistraße, wurde verbreitert, indem viele Häuser auf Rollen gesetzt und nach hinten verschoben wurden. Neubauten entstanden. Die Versorgung wurde buchstäblich Tag für Tag besser.

HANS-DIETER SCHÜTT: Wo wohnten Sie?

MORITZ MEBEL: Im Hof des Kominterngebäudes hatten Onkel und Tante ein kleines Zimmer gemietet. Dort wohnten sie und warteten auf eine Neubauwohnung in einer Genossenschaft. Wir wohnten bei einem Neffen von Onkel Mitja, am Nikizki-Boulevard, es war eine ziemlich große Zwei-Zimmer-Wohnung. Dort hat man uns leider gründlich bestohlen. Es wurde eingebrochen, und die Diebe haben alle sieben, acht Koffer, die mittlerweile eingetroffen waren und »einladend« zum Fenster hin gestanden hatten, mitgenommen! Einen Koffer hatte ich als Kopflehne, für mein »Bett«, ich schlief auf dem Fußboden. Das war das einzige Stück vom Reisegepäck, das wir behielten – und dazu noch die wenigen Sachen, die sich noch im Zimmer von Tante Marie und Onkel Mitja befanden.

HANS-DIETER SCHÜTT: Onkel und Tante arbeiteten?

MORITZ MEBEL: Die Tante war gelernte Buchhalterin, mein Onkel Eisenbahn-Diplomingenieur. Aber den Beruf übte er nicht aus, er arbeitete als Redakteur in einem gutgehenden Verlag, und er verdiente offenbar ganz gut. Tante Marie war unter die Straßenbahn gekommen und invalidisiert. Unser Problem als Neuankömmlinge bestand darin, daß es alles auf Marken gab – aber wenn Vater und Mutter nicht arbeiteten, bekam man keine Marken. Mein Vater war aber noch in Deutschland. Offensichtlich hatten wir noch Geld mitgebracht, zum Glück. Es existierte in Moskau schon »Torgsin«, in der DDR hätten wir »Intershop« gesagt, dort konnte man Silber- und Goldsachen sowie Valuta hinbringen, dafür gab es Bons. Es gab im »Torgsin« alles, was man sich für das gute tägliche Leben vorstellen kann.

HANS-DIETER SCHÜTT: Sie lebten demnach nicht privilegiert, obwohl Sie Ausländer waren.

MORITZ MEBEL: Wir hatten durch die Krankheit meiner Mutter – sie erkrankte noch in Erfurt an Krebs und starb 1936 in Moskau – ein ziemlich schweres Leben. Mein Vater war ja in Rußland geboren, vielleicht wurden wir deshalb wie alle russischen Bürger eingestuft und eben nicht wie Emigranten. Absolut nicht privilegiert. Genau genommen war es angesichts der häuslichen Bedingungen verwunderlich, daß aus mir etwas wurde. Ich war viel mir selbst überlassen. Das sage ich ohne Koketterie. Wir haben mit dem Geld sehr, sehr rechnen müssen. Das meiste steckten wir in die Medizin, in die Hoffnung, unsere Mutter könne doch noch geheilt werden.

HANS-DIETER SCHÜTT: Aber die Versorgungssituation in Moskau besserte sich doch merklich?

MORITZ MEBEL: Ja. Die Marken wurden abgeschafft, die Lebensmittelgeschäfte waren zunehmend besser bestückt. Schwierig blieb es noch mit Bekleidung. Es gab durchaus soziale Unterschiede. Aber wir klagten nicht. Zuhause haben wir magere Kost gehabt. Denn zeitweise arbeitete ja auch meine Tante nicht, Susi und ich, wir lernten noch, nur Vater und Onkel arbeiteten. Der einzige kulinarische Lichtblick tat sich auf, wenn Besuch angesagt war: Dann konnten wir Kinder uns auf gutes Essen freuen. Ansonsten sah der Speiseplan so aus: Morgens Graubrot, das war relativ billig, ein Rubel ein ganzes Brot; davon gab es ein, zwei Stück ohne Butter, nur mit Marmelade. Für die Schule gab es Stullen mit Butter und Belag. In der Schule konnte man für ein paar Kopeken Milch oder Kakao kaufen. Abends zu Hause gab es dann warmes Essen. Oft Eintopf mit wenig Fleisch oder Wurst. Im Sommer aßen wir viel Gemüse. Es war auf dem Markt billig. Äpfel kamen nur im Hochsommer auf den Tisch, wenn das Obst ganz billig war. In den Läden freilich lagen immer Äpfel, aber die konnten wir nicht bezahlen. An sehr gutes Essen kann ich mich nur erinnern, wenn ich zu Besuch bei Hagers, bei Wolfs oder bei Fischers war. Die medizinische Betreuung war zum Glück kostenlos, aber wenn der Arzt, Professor Frenkel, extra zu meiner Mutter kam, später in die Wohnung nach Odinzowa, einem Vorort von Moskau, dann mußte man ihn ja trotzdem bezahlen.

HANS-DIETER SCHÜTT: Ihr Vater hatte noch andere Verwandte in Moskau?

MORITZ MEBEL: Mit diesen Verwandten meines Vaters kamen wir mitunter zusammen, aber offenbar herrschte zwischen ihnen kein sehr enges Verhältnis. Warum, weiß ich nicht. Vater hatte zwei Cousins, einer war ein hochgestellter Militäringenieur, etwa im Range eines Generalmajors. Der andere, Lonja, war Direktor einer Hauptabteilung für Backwaren im Volkskommissariat für Lebensmittel. Beide hatten ein Auto. Als wir im eben erwähnten Odinzowa wohnten, also außerhalb, lieh uns Lonja immer seinen Wagen, wenn ein Professor für die kranke Mutter geholt werden mußte.

HANS-DIETER SCHÜTT: Sie haben zunächst gedacht, Moskau sei eine Ferienreise. Dann waren die Ferien zu Ende – Sie mußten ja nun in eine Schule.

MORITZ MEBEL: Darüber kam es zu Hause zu folgender Diskussion: Der Direktor der deutschen Schule am Sadowoje-Kolzo, Genosse Schinkel von der Karl-Liebknecht-Schule, schlug vor, ich solle noch mal die 2. Klasse machen, obwohl ich eigentlich schon in die 3. kommen müßte. Aber, so hieß es, in der Karl-Liebknecht-Schule würde mehr Stoff vermittelt als gewöhnlich, die Situation sei demnach nicht mit Deutschland zu vergleichen. Möglicherweise wäre die 3. Klasse eine zu große Belastung für mich. Aber die Familie meinte, ich sei ein guter Schüler, ich müßte es schaffen.

HANS-DIETER SCHÜTT: Sie schafften es?

MORITZ MEBEL: Ich schaffte es, ja. Die Karl-Liebknecht-Schule war eine polytechnische Zehnklassenschule, in der alle Fächer in Deutsch unterrichtet wurden. In der absoluten Mehrheit kamen die Lehrer aus Deutschland, hochmotivierte und gebildete Leute. Untergebracht war die Schule in einem zweistöckigen Gebäude. 1935 konnten wir in der Kropotkinstraße ein neues, modernes Schulhaus beziehen, mit Turnhalle und gepflegtem Garten. Ich lernte nicht schlecht, arbeitete gern in der Pionierorganisation mit. Trotz knapper Zeit ging ich immer noch in den Geographiezirkel. Ich denke zwar, daß ich fleißig war und sicher auch schon ein wenig ehrgeizig, aber in Russisch, besonders in Grammatik, haperte es erheblich. Da ich nach Abschluß der Schule studieren wollte, mußte ich ziemlich gut Russisch können – sonst hätte ich die Abschlußprüfung nicht bestanden. Der Familienrat beschloß, daß ich nach der 7. Klasse in eine russische Schule gehen solle. So wechselte ich in die 118. Schule, die neben dem Planetarium lag. Im ersten Diktat dort brachte ich es auf 40 Fehler – auf einer einzigen Heftseite! In anderen Fächern sah es Gott sei Dank viel besser aus, aber dennoch habe ich ein mieses Schuljahr in Erinnerung. Denn in den großen Ferien mußte ich mich für die fällige Nachprüfung im Herbst in Russisch vorbereiten. Dreimal wöchentlich suchte ich einen Russischlehrer am Majakowskiplatz auf. Ich mußte büffeln. Der Lehrer machte sich Tee und aß schönes Weißbrot mit Butter, ich dagegen war und blieb hungrig.

HANS-DIETER SCHÜTT: Hatten Sie schnell Freunde gefunden?

MORITZ MEBEL: Das war in der Karl-Liebknecht-Schule kein Problem. Weit schwieriger war es mit den russischen Kindern an meinem jeweiligen Wohnort. Da ich kurze Hosen und später Knickebocker (umgenähte von meinem Vater) trug, wurde ich gehänselt und auch verprügelt.

HANS-DIETER SCHÜTT: Als Sie noch an der Karl-Liebknecht-Schule waren, ging in Ihre Parallelklasse Markus Wolf, Sohn Friedrich Wolfs, Bruder Konrad Wolfs.

MORITZ MEBEL: Auch Peter Florin, Albert Klein, mit dem ich sehr befreundet war, Elfriede Mager, Shenja Frumkina, die Tochter meines späteren Lehrers in Urologie, gingen in meine Klasse. Die Wolfs blieben bis zum Schluß, das heißt bis zum Januar 1938, auf der Karl-Liebknecht-Schule, dann wurde sie geschlossen. Mischa ging in die 110. Schule am Arbat, ich war ja bereits in der 118. Da wir räumlich getrennt voneinander lebten, gab es mit der Zeit immer weniger Berührungspunkte, wir hatten auch unterschiedliche Interessen. Ich weiß nur, Mischa interessierte sich sehr für Flugzeugbau. Meine Mitschüler in der

Kar-Liebknecht-Schule waren in der Mehrzahl Kinder von Emigranten aus der ganzen Welt, vorwiegend aus Deutschland. Später kamen Kinder aus der Spanischen Republik, Kinder von Teilnehmern des Schutzbündler-Aufstandes, der Kampforganisation der Sozialdemokratischen Partei Österreichs gegen die Dollfuß-Regierung, auch Kinder von Kommunisten, die fliehen mußten. In der Schule existierte eine spezielle Abteilung für englischsprechende Emigrantenkinder. Auch lernten wir zusammen mit sowjetischen Kindern, die mit ihren Eltern in Deutschland gelebt hatten. In meine Klasse ging auch Jura Fischer, dessen Vater, wenn ich nicht irre, Korrespondent einer US-amerikanischen Zeitung in Moskau war. In der Parallelklasse lernte der Sohn von Lüttgens, der in Hamburg-Altona unter dem Fallbeil der Nazis gestorben war. Eines der ersten Verbrechen Hitlers. Vom Schicksal seines Vaters erfuhr der Sohn in Moskau. Die Mutter kam in die Schule, sie las uns den letzten Brief ihres Mannes vor, gerichtet an die Familie. Das erschütterte uns. Dieser Lüttgens, das begriffen wir sehr schnell, war kein Einzelschicksal – viele Eltern von Mitschülern saßen in deutschen Gefängnissen, in Konzentrationslagern. Also, früh wurden wir mit der Arbeiterbewegung und mit ihrem Kampf vertraut gemacht. In der Herzenstraße befand sich der Klub für ausländische Werktätige. Dort kamen wir mit Heckert zusammen, feierten den 50. Geburtstag von Wilhelm Pieck. Willi Bredel, Martin Andersen Nexö und Erich Weinert kamen in unsere Schule, auch Wilhelm Florin war mal da. Ernst Busch sang im Kolonnensaal des Gewerkschaftshauses, zusammen mit dem Chor unserer Schule. Ich als kleiner Steppke stand auf dem schwarzen Flügel und machte den Vorsänger. Ein stolzes Gefühl. Wir wußten ziemlich schnell, was in Deutschland vor sich ging, und die politischen Weichen waren dann für mich gestellt. Ich erinnere mich an die feierliche Aufnahme in die Pionierorganisation. Im Tagebuch unserer Klasse, das ich über die Zeiten rettete, habe ich übrigens erst jetzt wiederentdeckt, daß ich Gliederführer in der Pioniergruppe war.

HANS-DIETER SCHÜTT: Immer wieder gibt es Stimmen, die im nachhinein das Lernen und Leben in der Karl-Liebknecht-Schule als politische Indoktrination interpretieren, als eine Art Vorform dessen, was inzwischen als Erziehungsdiktatur in den Sprachgebrauch der offiziellen Geschichtsschreibungs-Sicht auf den Sozialismus einging. Auch Wolfgang Leonhard hat nicht die besten Erinnerungen an jene stalinistische Zeit.

MORITZ MEBEL: Ich habe nur die besten Erinnerungen an unsere Schule. Und ich weiß, daß dies nicht nur mir so geht. Im Spätsommer 1998 haben sich etwa 60 ehemalige Schüler der Karl-Liebknecht-Schule, die jetzt in Berlin leben, zu einer Runde zusammengefunden. Es war ein unvergeßlicher Abend. Wir waren uns alle einig: Die Schule erzog uns zu Internationalisten, ohne erhobenen und einschüchternden Zeigefinger, wie Sie in Ihrer Frage verdächtigen. Genosse Schinkel war ein allgemein beliebter Schuldirektor. Ich erinnere mich an eine äußerst demokratische Atmosphäre in der Karl-Liebknecht-Schule. Man stand zum Beispiel nicht etwa auf, wenn der Lehrer hereinkam. Eine Kleinigkeit? Mag sein. Der Klassenorganisator wurde gewählt, es wurde abgestimmt, da war sogar ein Überschuß an Demokratie bis hin zur Abstimmung bei Auszeichnungen für Mitschüler. Die Erziehungsarbeit war natürlich politisch ganz klar ausgerichtet. Zum 1. Mai oder zum Revolutionsjubiläum zogen wir über den Roten Platz. Mit dem Tambourkorps der Schule, manchmal gemeinsam mit der Schalmeienkapelle des Betriebs »Elektrosawod«; dort arbeiteten viele linksorientierte Arbeiter und Ingenieure aus Deutschland, darunter Kommunisten. Wir erweckten die allgemeine Aufmerksamkeit der Demonstranten. Indoktrination? Ein Erlebnis! Gesellschaftsbeobachtungen sind ja letztlich immer Selbstbeobachtungen, also beschreibt man die Gesellschaft so, wie man sich selber sah. Alles ist subjektiv gefärbt. Ich lebte gern in diesem Land und fühlte mich nicht als Fremder. Auch nicht als manipulierter Mensch.

HANS-DIETER SCHÜTT: Hatten Sie Begegnungen mit anderen Deutschen? In Moskau lebten ja nicht nur Emigranten.

MORITZ MEBEL: Unweit der Sadowaja Spasskaja, der großen Ringstraße Moskaus, lag die deutsche Botschaftsschule. Eingefleischte Nazis als Nachbarn! Mit den Kindern der Botschaftsangehörigen haben wir manchmal heiß diskutiert, soweit das 11- bis 12jährige tun können. Nach 1939, als die Botschaftsangehörigen am Revers offen das NSDAP-Abzeichen trugen, erfüllte uns das mit Wut.

HANS-DIETER SCHÜTT: Was wollten Sie beruflich werden? Von Beginn an Mediziner?

MORITZ MEBEL: Nach dem Schulabschluß im Frühjahr 1940 bewarb ich mich am 1. Moskauer Medizinischen Institut. Es gab im übrigen damals bei den Bewerbungsvorgängen noch keine Korruption wie nach dem Krieg. Es ging ehrlich zu, wirklich nach Leistung. Wie kam ich auf Medizin? In der zehnten Klasse besuchte ich im 1. Medizinischen Institut einen Schülerzirkel, der vom Biologiedozenten Dr. Schneider geleitet wurde; er arbeitete später in der DDR in Thüringen, in Jena. Wir operierten Ratten, das machte Spaß. Bitter war, daß ich eigentlich größere Lust auf eine Diplomatenlaufbahn gehabt hatte, aber Juden wurden für den diplomatischen Dienst nur sehr, sehr begrenzt zugelassen; das war in Moskau allgemein bekannt. Ja, an der Hochschule für Diplomatie hatte man kaum eine Chance. Ich muß sagen, ich habe diesen Antisemitismus verdrängt. So wie einige Jahre zuvor die Schauprozesse. Ebenfalls verdrängt! Meiner Frau Sonja wurde von ihren Eltern sehr wohl beigebracht und eingeschärft, daß es sich um Schauprozesse handelte. Ich sah das damals nicht so, zu Hause wurde darüber kaum gesprochen. Die sogenannte Fünfte Kolonne war auch in unseren Köpfen allgegenwärtig. Damit war das Nachdenken über dieses Thema erledigt. Die Aufnahmeprüfungen an allen Universitäten und Hochschulen fanden übrigens fast zeitgleich statt, so daß man das Risiko einging, wenn man an einem Institut abgelehnt wurde, ein Jahr zu verlieren. Auch deshalb ging ich, schnell handelnd, auf Nummer sicher und bewarb mich bei der Medizin, versuchte es gar nicht erst bei den Diplomaten. Alle Bewerber mußten vier Prüfungen ablegen: Chemie, Fremdsprache Russisch, schriftlich und mündlich, und Physik. Es war im im Frühsommer 1940. Nach drei Wochen Wartezeit hingen die Listen mit den Namen der Geprüften aus. Ich las meinen Namen: 19 Punkte von 20 möglichen. 17 Punkte bildeten die unterste Grenze für die Aufnahme. Ich war angenommen und freute mich wie ein Kind. Daß ich in die Medizin gehe – darum haben mich viele beneidet. Allerdings: Von Anatomie war ich nicht gerade begeistert, aber man gewöhnt sich auch an den unangenehmen Formalingeruch. Doch dieses stupide Auswendiglernen der Begriffe und Bezeichnungen! Hunderte lateinische Namen, allein für die Schädelknochen!

HANS-DIETER SCHÜTT: Darf ich Ihnen etwas vorlesen? Daniil Granin, der Leningrader Schriftsteller, schreibt 1991: »Nach dem Krieg kamen die einstigen Soldaten und Offiziere in Betriebe und Institutionen. Die Führungsposten waren alle besetzt. Das Übliche: Die Sieger gehen leer aus. Große Ungerechtigkeit widerfuhr ehemaligen Kriegsgefangenen – sie galten als Vaterlandsverräter. Viele Jahre lang wurden alle, die in den okkupierten Gebieten gelebt hatten, verdächtigt und als Menschen zweiter Klasse behandelt. Auch um die Kriegsinvaliden kümmerte sich niemand. In den Kriegsjahren hatte sich in der Leitung ein Kommandostil herausgebildet – grob und kategorisch, Kritik war unmöglich, man durfte seine Meinung nicht äußern, die Persönlichkeit wurde unterdrückt. Unter diesen Bedingungen hätten die Frontkämpfer, so schien es, ihre Stimme erheben müssen. Sie litten doch am meisten. Schon allein weil an der Front persönliche Tapferkeit mehr geschätzt wurde als Opportunismus. Doch die Frontkämpfer schwiegen. Unser Verhalten hatte etwas Irrationales.« Können Sie diese Beobachtung, dieses Urteil teilen? Ich frage, weil Sie eben selbst von Korruption sprachen.

MORITZ MEBEL: Ich möchte das Zitat von Granin nicht kommentieren. Meine Erfahrungen und die meiner Bekannten: Alle heimgekehrten Frontkämpfer, ob Soldat oder Offizier, bekamen nach der Demobilisierung Arbeit, entsprechend des erlernten Berufes oder entsprechend der gewünschten Qualifizierung. In allen Hochschulen hat man Demobilierte bevorzugt aufgenommen. Sie bekamen den Vorrang vor anderen Bewerbern, auch wenn schlechtere Zensuren dagegensprachen. Ich rede schon gar nicht davon, daß jene, die vor dem Krieg Studenten gewesen waren, mitten im Studienjahr fürs laufende Semester zugelassen wurden. Auch hier rede ich aus eigener Erfahrung. Die zurückgekehrten Frontkämpfer erhielten nach 1945 die günstigsten Lebensmittelmarken, besondere Zuteilungen für Kleidung, bevorzugt Urlaubsplätze in Ferienheimen usw. Daß das jeweils nicht sehr viel war, ist eine andere Sache, aber die übrige Bevölkerung bekam eben noch weniger. Auch den Kriegsinvaliden wurde besondere Fürsorge zuteil. Gewesene Frontkämpfer durften auch immer eine große Lippe wagen, ohne Risiko. Für mich unverständlich – gelinde gesagt – war der Vorgang mit den gewesenen sowjetischen Kriegsgefangenen. Viele von ihnen wurden als Vaterlandsverräter betrachtet und zum Teil in Arbeitslager verschleppt. Nicht wenige, die in den von Deutschen okkupierten Gebieten gelebt hatten, wurden jahrelang mißtrauisch beäugt und wie Ausgestoßene behandelt. Man witterte Kollaboration mit den Besatzern bzw. mit der Wlassow-Armee. Wlassow war ein sowjetischer General, der sich ergeben hatte und später im Auftrage Hitlers eine Armee aus gefangenen Sowjetsoldaten aufstellte. Offensichtlich war dieser Verdacht gegen viele Menschen unbegründet, er bleibt eine Schande.

HANS-DIETER SCHÜTT: Daß Sie nach Abschluß der Schule Medizin studieren wollten, hatte das eventuell auch Ursachen in der Familientradition?

MORITZ MEBEL: Kaum. In meinem Elternhaus waren – bis auf den Onkel, der in Amerika lebte und offenbar Medizin studiert hatte – alles Ingenieure. Oder wenn ich an meinen Großvater und meine Großmutter mütterlicherseits denke: arme Schlucker.

HANS-DIETER SCHÜTT: Wie blickten Sie auf das, was sich weltpolitisch entwickelte? Der Krieg stand bevor. »Roch« man diesen Krieg?

MORITZ MEBEL: Ende 1940 hörte ich bei uns im Institut einen Vortrag über die politische Lage. Der Referent sagte unter anderem, daß der Pakt mit Deutschland keineswegs mit einer Liebesheirat zu vergleichen sei, sondern eher mit einer Liaison aus Notwendigkeit. Frankreich und Großbritannien hatten ja einen Vertrag mit der Sowjetunion über gegenseitigen Beistand unterlaufen. Erst dann kam es zur Vereinbarung mit Hitlerdeutschland. Ich muß sagen, als ich in der Wochenschau im Kino Molotow in Berlin sah, eskortiert von Nazitruppen – das schockierte. Als Teile Polens von der Roten Armee besetzt wurden, hieß es, dies diene dazu, dieses halbfaschistische Land als deutsches Aufmarschgebiet gegen die Sowjetunion zu verhindern. Alles diene der Beruhigung der Situation. Noch kurz vor dem Überfall der Nazis auf die Sowjetunion teilte die Moskauer Nachrichtenagentur mit, die Sowjetregierung zeige keinerlei Besorgnis über den Aufmarsch deutscher Truppen an unseren Grenzen. Allgemein galt die Losung: Und wenn es denn zum Krieg kommt gegen die Sowjetunion, werden die deutschen Arbeiter die Waffen umkehren – gegen die Feinde im eigenen Land. Das würde der Aufbruch sein in ein neues Deutschland. Meine Mutter ist 1936 in Moskau mit 46 Jahren an Krebs gestorben. Als sie im Krematorium aufgebahrt war und der Sarg dann langsam im Boden verschwand, rief ich: Mutti, wir nehmen dich mit nach Sowjetdeutschland. Das war Trost, Hoffnung. Man konnte sich einfach nicht vorstellen, daß Hitler Moskau überfallen würde. Zudem: Die Deutschen standen bei der Sowjetunion hoch im Kurs. Das hatte historische Gründe, zum Beispiel Rathenaus friedliche Politik gegenüber der jungen Sowjetmacht. Der Überfall am 22. Juni 1941 war ein Schock, aber noch in den Tagen danach blieb man in Moskau ruhig und erhoffte diese bereits erwähnte Umkehrung der Waffen durch das klassenbewußte deutsche Proletariat, das sich nicht zum Krieg gegen Stalin, gegen die Sowjetunion mißbrauchen lassen würde. Aber nichts dergleichen geschah, die große Hoffnung brach zusammen. Doch trotz der erfolgreichen Blitzkriege Hitlers in Europa und auch nach dem Überfall auf die Sowjetunion: Die erste Tage danach liefen noch unsere Schiffe mit Weizen nach Deutschland aus. Von der engen militärischen Zusammenarbeit beider Länder, selbst dann, als Hitler an die Macht gekommen war, hatten wir nie etwas geahnt. Sie fragten, ob man den bevorstehenden Krieg »roch«. Nein, aber immer mehr

Soldaten bevölkerten das Stadtbild, die Versorgung für die Bevölkerung wurde wieder schlechter. Keller wurden in Ordnung gebracht, Fenster mit Vorhängen ausgestattet. Der Lehrbetrieb allerdings lief weiter.

HANS-DIETER SCHÜTT: Nach Abschluß des Vertrages der Sowjetunion mit Hitler waren deutsche Antifaschisten ausgewiesen worden.

MORITZ MEBEL: Das ist ein ganz tragisches, böses Kapitel. In Moskau geschah ja weit vorher schon Bitteres, dessen Folgen noch heute schmerzen, wenn wir über die Sowjetunion sprechen. Bestimmte Filme wie etwa »Professor Mamlock« nach Friedrich Wolf verschwanden über Nacht aus den Kinos. Der Klub der ausländischen Werktätigen wurde geschlossen. Schinkel, der Direktor der Karl-Liebknecht-Schule, verschwand eines Tages – auch so eine Tatsache, über die wir hinwegsahen. Auch andere Lehrer blieben plötzlich weg. Mit einem Male war es verpönt, mit Ausländern Kontakt zu haben. Wir brachen die Verbindung zu Tante Enne in Erfurt ab. Es hieß, überall müsse man damit rechnen, daß Hitlers »Fünfte Kolonne« aktiv würde oder schon aktiv sei. Wachsamkeit sei geboten. Weil uns das Argument einleuchtete, richteten wir uns danach. Ich nahm das Beschwören der »Fünften Kolonne« für bare Münze. Warum auch nicht? Wenn man sah, wie Deutschland vor Jahren bei der Unterwanderung und Zerstörung der Spanischen Republik geholfen hatte? Ich besaß zudem mein Weltbild, und wenn man erst einmal ein solches festes Weltbild besitzt, wird jede Erscheinung nahtlos und unbewußt eingefügt und entsprechend interpretiert. Im Kolonnensaal des Gewerkschaftshauses fanden die ersten Prozesse statt, zum Teil öffentlich. Wir erfuhren, es gebe trotzkistische Zentren, die mit Hitlerdeutschland zusammenarbeiteten. Ja, dagegen mußte man sich schützen. Das schien logisch. Das war so etwa 1936/37. Überall Feinde zu sehen, war eine allgegenwärtige sowjetische Erscheinung. Diese Empfindung teilte ich. Im Osten der Sowjetunion war es auch nicht gerade ruhig. Die Japaner hatten die Mandschurei an sich gerissen. 1938 gab es am Chau-Chin-Gol blutige Kämpfe mit den Japanern. Sie wurden zurückgeschlagen. Die faschistische Achse Berlin – Rom – Tokio formierte sich. Im Januar 1938 schloß man die Karl-Liebknecht-Schule, aber ich war ja schon in der russischen Schule. In diesem Jahr 1938 erfolgte meine Aufnahme in den Komsomol. Zwei Jahre später beendete ich die Schule. Erst nach geraumer Zeit erfuhr ich, daß im Ausländerviertel nachts Leute abgeholt und verschleppt wurden. Das Gefängnis: ein Zwischenaufenthalt vor der Verbannung nach Sibirien. Wir wohnten ja unter Russen, ich selbst also erlebte keine solche schreckliche Situation.

HANS-DIETER SCHÜTT: Den Deutschen im Deutschland unter Hitler warf man nach dem Krieg vor: Ihr hättet sehen müssen, was an Verbrechen passiert! Muß man diesen Vorwurf nicht auch Ihnen machen? Sie hätten doch sehen müssen, was in Moskau passiert.

MORITZ MEBEL: Den Vorwurf kann man natürlich machen. Das ist aber leicht gesagt. Ich wehre mich gegen eine Interpretation, die mein Wissen und meine Scham von heute in die Vergangenheit projiziert, so, als hätte ich wider besseres Wissen weggeguckt. Das ist falsch. Im übrigen: Das öffentliche Bild in Nazideutschland und in der Sowjetunion war ganz unterschiedlich. Der Rauch der Krematorien in Buchenwald lag über Weimar; die Kolonnen der Gefangenen wurden durch die Stadt getrieben, diese Häftlinge waren also zu sehen. Das Programm der Nazi lag offen. Die Juden wurden in aller Öffentlichkeit zusammengetrieben, waren faktisch außer Gesetz gestellt. So wie große Teile der slawischen Völker, die Sinti und Roma, Kommunisten, widerständige Sozialdemokraten und Christen. Wer »Mein Kampf« gelesen hatte, wußte Bescheid. Der Terror in Moskau fand nicht auf der Straße statt. Die Repression war keine öffentlich auffällige. Und die Gulags befanden sich in Sibirien, weit weg. Bei aller Distanz zum gewesenen Sozialismus stalinistischer Prägung: Heute möchte ich sehr vielen, die Hitler und Stalin gleichstellen, wirklich empfehlen, »Mein Kampf« zu lesen. Der Nazismus war eine Einheit von Programm und Politik. Der Sozialismus wurde geprägt durch den Widerspruch von

Programm und Realität, von Idee und deren Verwirklichung. Die Hoffnung, daß die Idee gegen alle Verformungen und schlimmen, verbrecherischen Entgleisungen siegt – das war ja genau das, was so viele kluge Menschen an den Sozialismus band und so große, uneingeschränkte Treue gerade bei Intellektuellen hervorrief. Eine Treue, über die heute so viele den Kopf schütteln. Wenn man alles vom Ende her bedenkt, vielleicht eine schlüssige Reaktion. Aber ein unhistorisches Herangehen.

HANS-DIETER SCHÜTT: Der Literaturkritiker Gustav Seibt schreibt: »Wer die Geschichte des real existierenden sowjetischen Sozialismus verstehen will, wird nicht umhin können, die Herrschaftsideologie als Idee, als Glauben ernst zu nehmen, für den auch willig gelitten und gestorben wurde. Er wird das Gewicht der Erinnerung an die Verbrechen Hitlers nicht überschätzen können. Die Niederlage des kommunistischen Glaubens ist in dieser Erfahrung – wie zuvor ihre blutigen Siege – eine furchtbare Menschheitstragödie, weil sie ihren Schatten über alle Versuche der Menschheit werfen muß, ihre Gschichte in die eigenen Hände zu nehmen.« – Professor Mebel, was bedeutete Stalin für Sie?

MORITZ MEBEL: Ein Heroe. Er verkörperte die Sowjetunion – das Vaterland aller Werktätigen, die Ideale des Sozialismus-Kommunismus. Ich muß es so pathetisch sagen, wenn ich damalige Gefühle in Moskau ehrlich beschreiben will. Vor und nach dem Krieg. Stalin war für uns der Führer, mit dessen Namen auf den Lippen Menschen in den Tod gingen. Die Sowjetunion hat trotz Stalin den Krieg gewonnen. Dieses »trotz« sage ich heute. Das habe ich damals anders gesehen. Als Stalin starb, weinte ich – aber meine Frau – sie war es damals noch nicht – hat sich gefreut. Man kann heute sagen, sie war klüger, ich eben dümmer. Aber was erklärt das schon! Wir lebten beide in anderen Konstellationen, mit jeweils anderen familiären Erfahrungen und anderen Methoden, mit unliebsamem Wissen und Erlebtem umzugehen. Was könnten die Ursachen sein? Mein Vater blieb allein, nachdem Mutter gestorben war. Wir wohnten zusammen mit Tante und Onkel und meiner Schwester Susi. Vielleicht trugen unsere großen familiären Sorgen dazu bei, den kritischen Verstand für zweifelhafte politische Vorgänge im Lande zu verdrängen. Das soll keine Entschuldigung, sondern der Versuch einer Erklärung sein: Man hatte anderes im Kopf. Im nachhinein stellen sich im Gedächtnis Bruchstücke von scheinbar kleinen Vorgängen ein, die plötzlich aber Bedeutung erlangen: Eines Abends guckten sich Vater, Onkel und Tante alte Fotos an, Familienfotos. Ein Teil der Bilder wurde vernichtet. Der mittlere Bruder und beide Cousins von meinem Vater verschwanden. Einer der beiden Cousins war zu zehn Jahren Verbannung verurteilt worden. Heute weiß man: Das war praktisch ein Todesurteil. Seine Familie wurde aus Moskau ausgewiesen. Lonja, der eine Cousin, war früher eine Zeit lang in Deutschland gewesen. Ob er vielleicht angeworben wurde von den Nazis? Wußte man das? Wo erst einmal ein Verdacht aufkommt, findet sich schnell ein Urteil. So lief das im Unterbewußtsein. Es ist traurig. Aber ich kann es nicht anders beschreiben. Mein Vater arbeitete immer sehr schwer und lange. Eines Abends kam er sehr aufgeregt nach Hause. Er sei zur Direktion gebeten worden. Dort saß ein Vertreter des NKWD und befragte ihn über die Kontakte zu Lonja. Mein Vater erzählte, der habe uns immer ein Auto zur Verfügung gestellt, wenn nach einem Arzt für meine Mutter geschickt werden mußte. Der Mann überraschte meinen Vater mit seiner genauen Kenntnis, an welchen Tagen das Auto bei uns vorgefahren war. Da auf diese Befragung hin nichts weiter geschah, maß ihr mein Vater keinerlei Bedeutung bei. Wer weiß, wozu das NKWD nach bestimmten Details über bestimmte Leute suchte. Wachsamkeit müsse schließlich sein. So dachte man damals bei uns zu Hause. Heute würde ich sagen, daß der Abbruch von Kontakten zu dem Verwandten meines Vaters Fragen hätte auslösen müssen. Auch bei mir! Ich habe nicht gefragt! Nicht mal seinen Namen weiß ich mehr, so rasch gingen wir drüber hinweg. Das hätte nicht passieren dürfen. Doch es ist passiert. Es gab in der Familie aber auch andere Reaktionen. Die mit uns eng befreundete Familie Hager sollte zurück nach Deutschland, binnen weniger Wochen. Wir waren alle außer uns. Tante und Vater wollten mit Hagers direkt zu

Kalinin gehen. Aber daraus wurde nichts. Der Abschied auf dem Belorussischen Bahnhof war traurig. Der alte Hager wurde an der deutschen Grenze sofort verhaftet. Meine Tante Marie sagte damals zornig, man hätte unbedingt zu Kalinin vordringen müssen. Vielleicht hätte das geholfen, er konnte in einzelnen Fällen wirklich etwas tun. Da war im nachhinein noch die Selbsttäuschung: Der Strohhalm wurde nicht ergriffen, der die Rettung gebracht hätte.

HANS-DIETER SCHÜTT: Noch einmal Daniil Granin: »Im Jahre 1937 entstand die Angst als Massenerscheinung, die den Charakter des Volkes deformierte. Die Menschen fügten sich in ihr Schicksal. Verwandte und Bekannte von Verhafteten wagten nur schüchterne Bitten, bestanden nicht auf ihren Forderungen. Sie verlangten nicht Freilassung, sondern erkundigten sich nur zaghaft, was ihren Angehörigen zur Last gelegt werde – als wäre das von Bedeutung. Zitternd vor Angst wollte jeder herausfinden, wofür, in der Hoffnung, sich durch ein erklärendes ›aha, dafür‹ abgrenzen zu können. Ich habe damit nichts zu tun, mich wird man in Ruhe lassen. ›Tschur menja!‹ – rühr mich nicht an! Die Menschen vermieden es, sich in fremde Gesellschaft zu begeben. Es gehörte zu den Aufgaben der ›Organe‹, die Gesellschaft zu spalten, die Beziehungen zwischen den Menschen zu zerstören. Je schlimmer, je bedrückender die Atmosphäre der Angst, desto besser für die Macht.«

MORITZ MEBEL: 1937 war ich vierzehn Jahre alt. Mir machten die Prozesse Angst vor einer feindlichen Umgebung und den Agenten der sowjetischen Feinde, die sich offenbar in unserem Lande befanden. Ich war erschrocken: Aus alten Kommunisten waren plötzlich, so schien es, Verräter geworden.

HANS-DIETER SCHÜTT: Wie hatten Sie den Finnland-Krieg reflektiert?

MORITZ MEBEL: Den kannte ich ja nur aus der sowjetischen Presse. Es hieß, die sowjetische Grenze nach Westen zu verschieben, weil sie unmittelbar am Rande Leningrads verlief –

dies sei eine zeitweilige Schutzmaßnahme. Finnland sollte im Gegenzug viel größere Landflächen von der Sowjetunion erhalten, die allerdings nördlicher lagen. Mannerheim hatte große Sympathien für Hitler. Das war bekannt. Finnland weigerte sich. Es begann dieser Krieg. Ehrlich gesagt, wir bekamen einen Schock nach dem anderen, als wir sahen, wie schwer sich die Rote Armee plötzlich tat, für die doch das gesamte Volk materielle und soziale Opfer auf sich genommen hatte. Den Angehörigen der Roten Armee ging es gut. Viel Geld wurde für die Rüstung ausgegeben – und nun dauerte es viele Monate und kostete beträchtliche Opfer, ehe die Armee endlich ihren Auftrag erfüllt hatte.

HANS-DIETER SCHÜTT: Hatten Sie mit dem Hotel »Lux« zu tun, in dem auch sehr viele Kommunisten abgeholt wurden?

MORITZ MEBEL: Nein. Dort lebten die Genossen der Komintern. Ich sagte ja, ich war fast Russe unter Russen.

HANS-DIETER SCHÜTT: Besaßen Sie eigentlich inzwischen, nun, da Sie studieren würden, eine eigene Wohnung?

MORITZ MEBEL: Nein. Gewohnt haben wir in einem 24 Quadratmeter großen Zimmer: Susi, die inzwischen eine erwachsene Frau und Deutschlehrerin bei Moskau war, die Tante, der Onkel, Vater und ich. Am Fenster hatte ich ein kleines Tischchen, mit Blick auf die Schienen des Sawjukowsker Bahnhofs, mit dem dazugehörigem Lärm. Nach dem Krieg schrieb ich hier meine wissenschaftliche Doktorarbeit. Als Chefarzt in Friedrichshain drängte ich darauf, daß meine Mitarbeiter unbedingt neben ihrer praktischen Tätigkeit auch wissenschaftlich arbeiteten. Ein Jungverheirateter, noch ohne Kind, kam zu mir und sagte, er habe in seiner Zwei-Zimmer-Wohnung keine Arbeitsmöglichkeit. Ich habe dem jungen Mann sehr deutlich gemacht, daß ich in Moskau Arbeitsverhältnisse hatte, die ich keinem wünschte, aber leider hätten die mir etwas den Maßstab für Toleranz in diesem Punkt verdorben ...

HANS-DIETER SCHÜTT: Sie versuchten stets, Ihren eigenen Ehrgeiz auf andere zu übertragen?

MORITZ MEBEL: In meinem Leben habe ich immer hart und gern gearbeitet. Und daß ich auf wissenschaftliche Arbeit drängte, resultierte aus der Erfahrung, die ich aus Moskau mitbrachte: Mein Glück bestand darin, im 1. Medizinischen Institut – 1947 absolvierte auch meine zukünftige Frau Sonja dieses Institut – große Ärzte als Vorbilder gehabt zu haben. Dr. Dubinin oder andere Assistenzärzte, ich rede schon gar nicht von den Lehrstuhlleitern – sie hätten alle Professoren sein können! So gebildet, so kompetent! Hervorragende Lehrer und Ärzte am Bett des Patienten. Diese Erfahrungen veranlaßten mich später, in der DDR für eine praxisnahe Ausbildung in möglichst kleinen Gruppen einzutreten. Erfahrene Lehrkräfte sollten die Studenten ausbilden, nicht Anfänger, die sich selbst noch in der Facharztausbildung befanden. Ein Manko der medizinischen Ausbildung in der DDR war in meinen Augen die unzureichende praxisbezogene Unterweisung der zukünftigen Ärzte. Als ich Leiter des Lehrstuhls für Urologie an der Charité wurde, habe ich das für mein Fachgebiet durchgesetzt. Aber jetzt habe ich vorgegriffen ...

HANS-DIETER SCHÜTT: Zurück nach Moskau, in die Zeit unmittelbar vor dem faschistischen Überfall: Sie studierten, was machte Ihre Schwester?

MORITZ MEBEL: Susi ging erst, wie ich, in die Karl-Liebknecht-Schule und besuchte dann die deutschsprachige Sektion der Arbeiter-und-Bauern-Fakultät.

HANS-DIETER SCHÜTT: Wie erlebten Sie den 22. Juni 1941 und die Tage danach?

MORITZ MEBEL: Das 2. Semester war zu Ende. Wir bereiteten uns auf die Prüfungen vor. Mein Vater hatte mir eine vierzehntägige Reise auf die Krim versprochen, wenn ich die Abschlußprüfungen im 2. Semester mit »Sehr gut« bestehen würde. Die

Vorfreude war groß, zumal ich noch nie im Kaukasus oder auf der Krim war. Es sollte ein Traum bleiben ... Ich saß am 22. Juni in der Bibliothek, an der Nikolajewsker Straße, zwei Sitzplätze vom Fenster entfernt, mein Blick ging manchmal auf die Straße. Hier saß ich oft, denn zu Hause hatte ich ja wenig Platz und keine Ruhe zum Lernen. Um 11 Uhr kam die Nachricht, die das gesamte Leben verändern sollte. Unheimlich viele Leute standen schon eine Stunde vorher auf der Straße und diskutierten vor dem Lautsprecher. In Moskau gab es fast an jeder Straßenecke so eine Lautsprecheranlage. Man merkte, daß die Leute zwar nichts Genaues wußten, aber ahnungslos waren sie nicht. Allen stand die Gewißheit ins Gesicht geschrieben, daß gleich eine außerordentliche Nachricht kommt. Es erklang die bekannte Musik von Radio Moskau, dann hörte man die Stimme des ebenso bekannten Sprechers Lewitan: »Hier sprechen alle Radiostationen der Sowjetunion. In ein paar Minuten werden Sie eine außerordentliche Regierungsmitteilung hören.« Wieder Musik, dann hörten wir Molotow – er klapperte mit den Zähnen. Schon immer hatte er etwas gestottert, aber diesmal war es extrem, und es hatte seinen unguten Grund: »Heute nacht haben deutschfaschistische Truppen ohne jeglichen Anlaß vertragsbrüchig die Sowjetunion überfallen; Kiew, Minsk, Riga werden bombardiert. Wir befinden uns im Kriegszustand, Schulenburg kam bereits nach Kriegsbeginn ins Ministerium für Auswärtige Angelegenheiten und übergab die Kriegserklärung. Die Truppen der Sowjetarmee haben den Befehl erhalten, die deutschfaschistischen Eindringlinge zurückzuschlagen.«

Ich war niedergeschlagen, aber ruhig und ging nach Hause. Die Familie wußte bescheid. Mit dem Trolleybus fuhr ich ins Institut. Eine Menge von Kommilitonen hatte sich bereits versammelt. Unser Dekan sagte, die allgemeine Unruhe ignorierend, es gäbe nur eines: weiterstudieren! Das schien logisch und vernünftig, denn letztlich waren alle trotz dieser schrecklichen Nachricht fest davon überzeugt, daß die Rote Armee die Eindringlinge schnell aus dem Land fegen würde. Jeder sollte also an seinem Platz weiterarbeiten. Jetzt müßte sich das Vertrauen in die Armee und alles, was an Material, Geld, Ausbildung und politischer Erziehung ins Militär gesteckt worden war, endlich doch auszahlen. Es gab dann in den nächsten Tagen die ersten Luftschutzübungen. Auch auf der Mochowaja, wo die unteren vier Semester des Instituts ihr Domizil hatten, wurden Luftschutzdienste eingerichtet. Das Grundgefühl, das uns bei den Übungen den Ernst der Lage vergessen ließ: Bis hierher kommen die Faschisten sowieso nicht.

HANS-DIETER SCHÜTT: Gab es in der Öffentlichkeit Reaktionen Stalins?

MORITZ MEBEL: Es war verwunderlich, daß Stalin selbst bisher noch nicht zu uns gesprochen hatte. Seine erste Ansprache hielt er erst am 3. Juli, lange vierzehn Tage nach Kriegsbeginn. Unvorstellbar! Das erste und letzte Mal hörte ich, daß er seine Landsleute mit »Teure Brüder und Schwestern« anredete. Trotz heldenhaften Kampfes der Roten Armee, die den Faschisten schwere Verluste zufügte, so teilte er uns im Rundfunk mit, seien die Deutschen, durch ihre Aggressionen in Europa kriegserfahren, weiter im Vormarsch. Er informierte darüber, daß das Staatliche Komitee für Verteidigung gegründet worden sei, mit ihm, Stalin, als Vorsitzendem. Wir waren niedergeschlagen und bestürzt über das Tempo, mit dem die Faschisten vorankamen. Sie standen schon tief in unserem Land. Wieder flammten Diskussionen über die Entbehrungen auf, mit denen das Volk die Rüstung und den Aufbau der Armee bezahlt hatte. Einsichtig und tapfer bezahlt hatte! Wo war die Kraft der Roten Armee in diesen entscheidenden Stunden? Ein Volkssturm wurde gegründet, und Freiwillige meldeten sich aus allen Schichten der Bevölkerung. Die Bereitschaft, für die Sowjetunion zu sterben, war groß, aber das militärische Können äußerst gering.

HANS-DIETER SCHÜTT: Volkssturm – das klingt unangenehm »deutsch«.

MORITZ MEBEL: Ja, aber das ist ein Begriff aus den Verteidigungsschlachten der napoleonischen Zeit. Erstmalig wurde der Volkssturm gegen die Franzosen eingesetzt. Die Nazis haben die Bezeichnung später übernommen, doch die ersten Volkssturmregimenter wurden in Moskau aufgestellt. Aus unserem Institut waren unter den ersten Freiwilligen Mitglieder des Lehrkörpers. Sie kamen sofort zum Fronteinsatz. Leider waren sie miserabel bewaffnet und überhaupt nicht ausgebildet für die harte Situation. Von einer einheitlichen Uniform ganz zu schweigen. Dieser Krieg erforderte moderne Waffen, eine moderne Militärdoktrin. Die Kämpfer im Volkssturm waren dem überhaupt nicht gewachsen, sie wurden verheizt.

Mitte Juli 1941 wurde schnell klar, daß es mit »Weiterstudieren« nichts werden würde. Wir vom 1. Moskauer Medizinischen Institut, ich studierte inzwischen im 3. Semester, wurden als Erdarbeiter eingesetzt. Bei Orjol, südwestlich von Moskau, hoben wir Panzerabwehrgräben aus. Natürlich wunderten wir uns: so nah an Moskau solche Sicherungsmaßnahmen? Es war eine physisch ziemlich schwere Arbeit, und vor allem erwies sie sich nach einigen Wochen als sinnlos. Entweder umfuhren die deutschen Panzer einfach unsere mühsam aus dem harten Boden geschachteten Gräben oder die Pioniertruppen der Wehrmacht schoben lange Panzerplatten darüber. In der 1. Oktoberwoche kehrten wir nach Moskau zurück. Die Menschen machten einen sehr nervösen Eindruck. Die Stadt war aufgestört, fiebrig, die Bevölkerung gereizt; Moskau schien den Kopf orientierungslos hin- und herzuwerfen wie ein Mensch, der sich mit Alptraum im Bett umherwälzt. Betriebe und Institutionen wurden nach dem Osten und Süden evakuiert. Unser Institut sollte in Richtung Kuibyschew und dort den Lehrbetrieb wieder aufnehmen: Mit der Bahn sollte es dorthin gehen. Ich blieb in Moskau und versah am Institut Luftschutzdienste. An Studium war nun endgültig nicht mehr zu denken. Am frühen Morgen des 14. Oktober 1941 gab Sprecher Lewitan wie üblich die neuesten Nachrichten der Agentur »Sowinformbüro« bekannt. Besonders interessierte uns die Situation an der Westfront. Angespannt hörten wir zu. Plötzlich Totenstille, als wären alle vom Schlag getroffen. Noch heute habe ich die Sätze des Kommuniques im Ohr: Die Lage an der Westfront hat sich weiter verschlechtert. Trotz heldenhaften Widerstandes der Roten Armee sei es den deutschfaschistischen Truppen gelungen, unsere Verteidigungslinien bei Moshajsk, etwa 100 Kilometer vor Moskau, zu durchbrechen und ihren Angriff in Richtung Moskau voranzutreiben. Der Hauptstadt drohe eine »tödliche Gefahr«. Danach erklang das Lied »Steh auf, steh auf, du Riesenland!« Noch heute, wenn ich es höre, geht mir das durch Mark und Bein. Der Hauptstadt drohe eine tödliche Gefahr? Wie gelähmt starrten wir in den Lautsprecher. Das war eine unerwartete, schreckliche Nachricht. Nach einigen Minuten sprangen wir aus den Bett und zogen uns eilig an. Papa, Susi und Onkel Mitja stürzten zur Arbeit, nur Tante Marie blieb zurück. Ich fuhr zum Komsomolkomitee des Instituts, einem kleinen Holzgebäude an der Pirogowstraße, in dem alle gesellschaftlichen Organisationen des Instituts untergebracht waren. Es war geschlossen. An der Tür hing ein Zettel: Wir sollten uns im Kreiskomitee des Frunser Stadtbezirks einfinden, in der Kropotkinstraße. In zehn Minuten war ich dort, mit der Straßenbahn. Am 1. Kreissekretär fiel mir sofort auf, daß er Stiefel anhatte und am Gürtel eine Pistole trug. Genosse Mebel, sagte er gleich, dort sind Listen ausgelegt für die Freiwilligen Kommunistischen Arbeiterbataillone. Parteilose, Komsomolzen, Kommunisten konnten sich eintragen, auch ich setzte meinen Namen auf eine der Listen. Ohne viel zu überlegen, ohne Zögern. Das 1. Medizinische Institut wurde in Richtung Osten, nach Kuibyschew, evakuiert. Ärzte wurden ja auch weiterhin gebraucht. Aber für mich stand fest: Wenn die deutschen Faschisten auf Moskau zu marschieren, kann ich nicht studieren, ich muß die Hauptstadt mit verteidigen. Daß dieser Kampf vier blutige Jahre kosten würde, das habe ich mir damals nicht vorstellen können.

Am selben Abend oder spätestens am kommenden Morgen sollten wir uns in der 89. Schule des Krasnopresnensker Stadtbezirkes einfinden – mit Rucksack, Wäsche, Strümpfen, Toilettenzeug und Verpflegung für einen Tag. Als ich nach Hause kam, war nur die Tante da. Vater, Onkel und Susi waren auf der Arbeit. Tante Marie bekam feuchte Augen. Ich packte meinen Rucksack, abends kamen die anderen. Alle billigten meinen Entschluß. Irgendwie vollzog sich alles ohne besondere Aufwallung; keiner ahnte so recht, was uns bevorstand. Oder schien es mir nur so? Ich war jung, und man paßte sich einer neuen Situation, die man in ihren Folgen eh nicht überblicken konnte, schnell an. Der Mensch hat die Fähigkeit des Selbstschutzes gegen allen seelischen Überdruck, gegen Angst und Furcht vor dem Ungewissen. Zumal, wenn man ein Ziel hat. Es wird weitergelebt, und viel später wundert man sich, daß große historische Momente, die man miterlebte, in der Erinnerung manchmal ganz banale Vorgänge bleiben. So war das damals auch. Es wurde an diesem Abend wenig gesprochen. Wir gingen früh schlafen, halb sechs am anderen Morgen mußte ich raus. Alle umarmten mich. Wie ich rausging, sagte mein Vater: Junge, paß auf, nimm dich in acht. Am Arbat wohnte ein Bruder meines Onkels Mitja, der war dort Hausverwalter, zu ihm hatten wir stets enge Beziehungen; von ihm und seiner Frau mußte ich mich einfach verabschieden. Was ich auf dem Weg zum Sammelpunkt auch tat.

Konstantin Simonow beschreibt in seinem Roman »Man wird nicht als Soldat geboren« jene Schule, in der auch wir einige Tage verbrachten. In allen 24 Stadtbezirken gab es solche Sammelstellen für Freiwillige. Der erste Eindruck jener kurzen Zeit, die wir in dieser Schule verbrachten: Wir wurden hervorragend verpflegt; jung und unvernünftig, wie wir waren (man schämt sich heute, das zu sagen), beschmissen wir uns regelrecht mit Wurstbroten und Süßigkeiten. Wir bekamen Rotarmisten-Uniformen. Ein Kommilitone und ich mußten zu einem Betrieb, um Wickelgamaschen und hohe Schuhe zu holen, für unsere Kompanie. Es hieß, auf der Mochowaja (wie gesagt, die ersten vier Semester unseres Instituts waren dort untergebracht) seien wie überall die Bilder Stalins und Lenins abgenommen worden, die würden in einem großen Raum zusammengetragen. Daraus schlußfolgerte ich: Man bereitete sich moralisch darauf vor, daß die Faschisten Moskau wohl doch einnehmen würden. In dieser Situation exerzierten wir wie die Blöden: Herangehen an den Vorgesetzten und grüßen. Stundenlang!

Inzwischen bekam die Bevölkerung Mehl und andere Nahrungsmittel auf Vorrat. Menschen versuchten, auf Güterzügen unterzukommen, die nach Osten oder Süden fuhren. Andere, die nicht mitkamen, versuchten gar den Fußweg zu nehmen – es ging chaotisch zu auf den Straßen und Bahnhöfen. Aber erst am 20. Oktober verhängte das Staatliche Komitee für Verteidigung den Ausnahmezustand über Moskau und Umgebung. Die ersten Barrikaden entstanden, Kontrollpunkte an allen Ausgangs- und Eingangsstellen der Stadt. Du durftest nur mit gültigem Papier rein und raus. Um diesen 20. Oktober herum konnte ich noch mal nach Hause, von der Tante hörte ich, sie würden nach Taschkent evakuiert. Wir verabschiedeten uns. Ich war froh, daß die Verwandten Moskau verließen.

In großer Eile wurden unmittelbar vor Moskau und an seinen Flanken Verteidgungslinien aufgebaut. Die freiwilligen Kommunistischen Arbeiterbataillone wurden in drei Regimenter zusammengefaßt, die am 26. Oktober zur 3. Moskauer Kommunistischen Infanteriedivision vereint wurden. Ich war Soldat und dann Soldat-Sanitäter in der 1. Kompanie des 3. Regimentes. Es vergingen noch einige Tage, und dann gab es Alarm. Im Eilmarsch ging es in Richtung Wolokolamsker Chaussee, am Binnenhafen Chimki vorbei. Überall Barrikaden. Wir passierten den Kontrollpunkt, weiter ging es westwärts. Etwa 20 Kilometer vor Moskau auf offenem Feld – es lag schon Schnee – gruben wir uns notdürftig ein. Wir froren. Ich dachte, ich hole mir gleich hier den Tod. Vom Marsch naßgeschwitzt, in dieser leichten Uniform, nur den Militärmantel drüber ... Aber nichts passierte. Es dunkelte bereits, und es war bitter kalt. Deutlich waren Kanonade und Maschinengewehrfeuer zu hören. Am nächsten Tag rückten wir einige Kilometer vor. Wir lagen etwa dort, wo man heute, wenn man vom Flughafen Scheremetjewo kommend, diese symbolischen und übergroßen Panzersperren an der Chaussee sieht. Hier waren bereits Schützengräben und Erdbunker ausgehoben, wir besetzten den uns zugewiesenen Abschnitt. Unsere Aufgabe bestand darin, die unmittelbar vor Moskau liegenden Straßen und Vororte zu sichern. Moskau durfte nicht fallen. Uns wurde mitgeteilt, daß Divisionen aus Sibirien im Anmarsch seien. Uns quälten im wesentlichen zwei Fragen: Wieso war es möglich, daß die Hitlerwehrmacht so schnell und so tief in das Land eindringen konnte? Und wann werden wir endlich ordentlich ausgerüstet?

Am 8. November gingen wir zum Angriff über und schlugen gemeinsam mit anderen Einheiten der Roten Armee die deutsch-faschistischen Truppen etwa 80 bis 100 Kilometer zurück. Die von uns befreiten Gebiete boten schreckliche Anblikke. Im Dezember gelang es den deutschen Truppen, uns zu stoppen. Anfang Februar 1942 wurde unsere Division aus der Moskauer Verteidigungszone herausgelöst. Wieder Umbenennung: in 130. Infanteriedivision, unser 3. Regiment wurde 664. Infanterieregiment. Wichtiger war für uns, daß wir nun richtige Gewehre bekamen, wattierte Jacken und Hosen, warme Unterwäsche sowie Filzstiefel. Gasmasken und ein kleines Fläschchen mit einer Lösung gegen chemische Kampfstoffe hatten wir schon vorher erhalten. Wir wurden in Güterwaggons verladen – und ab ging es in nordwestlicher Richtung.

»Merkwürdig: Die Einheiten,
in denen ich kämpfte,
gingen immer vorwärts.«

Das dritte Gespräch

über

Angst und die helfende Kraft der Erfahrung
Vorderlader und eine Parade für Stalin
Das Dorf Pawlowo und eine falsche Hoffnung
Moskaus fatale Flakabwehr
Flugblätter für den Feind
Brecht-Spezialist Fradkin und die Läuse
Befehl 227 und ein Satz von Simonow
Heldentum und Apathie
Russisch Roulett am Dnepr

Wir waren noch im Wachsen begriffen,
als das Land soldatische Tapferkeit von uns
verlangte. Mit der vorstoßenden Infanterie
zog eine Generation nach der anderen in
den Kampf, von nun an in allem gleich.
Dort, im großen Krieg, viele Jahre inzwischen
von uns entfernt, geht noch immer ein bedeutender
Teil unserer Generation ihren unsterblichen
Weg – jene, die für immer jung geblieben sind.
Und vielleicht waren unter denen, die im Krieg
blieben, auch ein Tolstoi unserer Zeit und
ein Einstein.

GRIGORI BAKLANOW
(1967)

Hans-Dieter Schütt: Beschreiben Sie bitte, Moritz Mebel, wie das mit der Angst ist – bei den ersten Begegnungen mit dem Krieg.

Moritz Mebel: Der Himmel dröhnte, und fliegende schwarze Schatten legten sich über uns. Die Detonationen verschmolzen zu einem einzigen Donnern. In diesem ohrenbetäubenden Getöse war kein Platz für den eigenen Schrei. Der Krieg preßte alle Gefühle aus einem heraus, man konnte an nichts denken. Mit der Zeit wird die Angst ein guter Lehrmeister. Durchlebte Angst, nicht zu verwechseln mit Feigheit, verändert den Menschen. Schon auf die nächsten Bombenangriffe reagiert man anders. Irgendwann bekommst du mit: gar nicht so einfach, einen Soldaten zu treffen. Aus schicksalhafter Furcht wird militärische Erfahrung: Du suchst dir bedacht einen Schutz, rennst nicht mehr panisch durch die Gegend, sondern gehst überlegt in Deckung. Auch die verbreitete Angst vor der deutschen Wehrmacht wich langsam, diese Angst vor ihren überlegenen Waffen, vor ihrer Herrschaft in der Luft. Die Angst schwand, als wir merkten: Auch unsere Granaten trafen, auch die deutschen Soldaten schrien, litten und starben. In den ersten Monaten des Krieges war zum Beispiel auch die Angst, eingekesselt zu werden, sehr groß. Später lernten die sowjetischen Soldaten, aus einem Kessel herauszukommen und selber Wehrmachtstruppen einzukesseln. Der Kessel verlor seinen Schrecken. Aber das dauerte und forderte große Opfer.

Hans-Dieter Schütt: Zuerst kämpften Sie mit Vorderladern. Wann gab es denn die ersten richtigen Gewehre?

MORITZ MEBEL: Wir bekamen sie erst im November 1941. Zunächst gab es aber auch nur ein Gewehr für zwei Soldaten. Eine bittere Enttäuschung. Aber wir hatten ja bei unserem Gegenangriff vor Moskau im November 1941 auch schon gut ausgerüstete Divisionen gesehen, die aus dem Osten herangeführt worden waren. Unser Zugführer war noch 1917 bei den Partisanen gewesen, der wußte nun wirklich sehr wenig von moderner Kriegsführung. Unser Kompaniekommissar Pantelejew war Dozent für Marxismus-Leninismus aus meinem 1. Moskauer Medizinischen Institut. Der wußte noch weniger. Alles sehr betrüblich. Immer klarer wurde: Das ist ein furchtbarer Krieg, und wir müssen noch viel lernen. Es sickerte langsam durch, was die Faschisten in den besetzten Gebieten machten, man konnte diese Brutalität zunächst gar nicht glauben. Großen moralischen Aufschwung hatte die Parade auf dem Roten Platz gebracht, am 7. November 1941. Sehr, sehr viele sowjetische Jäger flogen am Himmel, wir wußten in unseren Stellungen gar nicht, was los ist, bis wir erfuhren: Die fliegen nach Moskau und schützen die Parade. Es war eine Parade mit Stalin, dem Symbol der Sowjetunion, er stand oben auf der Tribüne des Mausoleums. Vom Roten Platz zogen die Truppen sofort aus der Stadt, unmittelbar an die Westfront, direkt in unsere Richtung. Das beruhigte. Stalin nannte in seiner Rede erstmals die alten Heerführer und stellte die Rote Armee so in eine verpflichtende geschichtliche Tradition. Der Leitsatz lautete: Tod den deutschen Okkupanten! Anfang November, wie ich schon erwähnte, begann der Gegenangriff, in Richtung Nordwesten. Unsere Division wurde zur 130. Infanteriedivision umbenannt. Ich war in der Ersten Kompanie des 664. Infanterieregiments – Soldat und Sanitäter. Ein paar Monate später war von dieser Kompanie nicht mehr viel übrig. Merkwürdig: Die Einheiten, in denen ich kämpfte, sind immer vorwärts gegangen.

HANS-DIETER SCHÜTT: Einen Rückzug haben Sie im Laufe des Krieges nie erleben müssen?

MORITZ MEBEL: Nein. Aber unsere Verluste in den Kämpfen an der Nordwestfront waren schrecklich. Von meiner Kompanie, die 380 Mann zählte, sind drei am Leben geblieben, darunter ich. Ein unwahrscheinliches Glück. Auf dem Vormarsch bei Moskau habe ich auch Istra wiedergesehen, wohin ich mal als Junge mit dem Haus der Pioniere einen Ausflug gemacht hatte: verbrannte Häuser, niedergemetzelte Kinder, in den Brunnen geworfen. Das werde ich nie vergessen. Ich sah mit eigenen Augen die Greuel der Deutschen – das reicht fürs Leben. Illusionen über die Faschisten hatte ich nie, aber Istra war für mich ein gravierender Punkt, um diese Art Kriegführung Hitlers als Barbarei zu begreifen, Barbarei auch durch die regulären Truppen der Wehrmacht. Im Februar 1942 wurde unsere Einheit aus der Moskauer Verteidigungszone abgezogen, man verlud uns in Güterwaggons, und ab ging es in Richtung Nordwestfront. Unterwegs: Angriff deutscher Kampfflieger auf unseren Zug! Da gab es nur eins: raus aus den Waggons und versuchen, sich im Schnee unsichtbar zu machen. Wie gesagt, mit der Zeit bekam man Routine in solchen Situationen. Du liegst auf offenem Feld und guckst nach oben. Die Bombe fällt nicht vertikal runter, sie beschreibt eine Parabel. Folglich muß ich in Richtung der Flugbewegung des feindlichen Bombers laufen. Der Instinkt aber verleitet dazu, immer in die andere Richtung zu fliehen. Schlimmer als die Bombenexplosionen waren die Maschinengewehrgarben aus den Bordwaffen. Vergebens warteten wir auf unsere Jäger. Ich erinnere mich auch an einen Eilmarsch bei eisigem Wetter, der Wind pfiff uns nur so um die Ohren. Man konnte kaum atmen. Tiefer Schnee, so weit der Blick reichte, mitunter einen Meter hoch. Da mußten wir durch, in voller Infanterieausrüstung. Und schnell sollten wir auch noch sein! Direkt aus dem Marsch wurden wir in den Kampf um das Dorf Pawlowo eingesetzt. In einem kleinen Wäldchen, durch das wir mußten, saßen Scharfschützen des Gegners. Kurz davor hatte eine andere Kompanie von uns das Dorf befreit, war aber von den Faschisten wieder herausgeschlagen worden. Wir sollten Pawlowo erneut zurückerobern. Ein sehr, sehr blutiger Kampf. In der Abenddämmerung sahen wir am Horizont einen Feuerschein. Offenbar brannte das Dorf. Ein Kommilitone von mir nahm sein Handmaschinengewehr und wollte weiterrobben. Auf einmal fiel ein Schuß, und er lag tot neben mir. Das war der erste Tote, den ich ganz aus der Nähe sah. Ich lag allein mit ihm, die anderen waren bereits vorgerückt. Mein Kopf war leer, ich konnte es nicht fassen. Ein sehr unheimliches, schlimmes Gefühl. Nur weg von hier! dachte ich, konnte aber nicht aufspringen und den anderen hinterherrennen. Ich mußte robben, die Gasmaske rutschte auf den Bauch, die Patronentasche ebenfalls. So kam ich nicht vorwärts. Ich schmiß bis auf das Gewehr alles weg, um schnell den Anschluß an die anderen zu bekommen. Am Rande des Wäldchens hatte ich es endlich geschafft. Vor uns lag das brennende Dorf. Es wurde dunkel, und wir bekamen den Befehl zum Angriff. Mit »Hurra!« stampften wir im Schnee vorwärts, einige blieben liegen. Plötzlich atemberaubende Stille. Wir hatten erobert, was vom Dorf übriggeblieben war: brennende oder glimmende Trümmer. In einer bunkerartigen Erdhütte fanden wir die Leiche des Regimentskommissars. Er lehnte an der Wand, seine beiden Unterarme waren verkohlt. Die zurückweichenden Nazisoldaten hatten ihn angezündet. Die Leichen von Rotarmisten lagen auf dem hart gefrorenen Boden. Wir trugen sie zusammen. Wie ein Magnet zogen uns die wärmenden, brennenden Häuserruinen an. Bald schlugen, es war zu erwarten, deutsche Granaten in unserer Nähe ein. Eine Granate traf – ein schreckliches Bild: Im Krater zerfetzte Leichen, einige Verwundete. Wir holten sie heraus und versorgten sie. In der Nacht wurden wir von unseren Kommandeuren immer wieder wachgerüttelt, zu groß war die Erfrierungsgefahr. Am nächsten Morgen stießen wir zu einem weiteren Dorf vor, befreiten auch dieses Dorf und dachten, nun ginge es so siegreich weiter. Ein großer Irrtum ...

HANS-DIETER SCHÜTT: Immer wiederkehrend die Frage: Wo war das legendäre sowjetische Militärniveau? Warum hat es so lange gedauert, bis die Rote Armee zu sich selbst fand? Wußten Sie damals um die Ursachen?

MORITZ MEBEL: Nein. Heute ist klar: Schuld war vor allem die Säuberung der Roten Armee auf Veranlassung Stalins, die Liquidierung zum Beispiel auch des jüngsten Marschalls der Sowjetunion, Tuchatschewski. Der Geheimdienst Hitlerdeutschlands hatte durch eine gelungene Fälschung über ČSR-Präsident Benes Stalin Dokumente zugespielt, die Marschall Tuchatschewski kompromittierten. Die »Fünfte Kolonne« Hitlers mußte logischerweise, so die offizielle Denkrichtung, auch in der Armee wühlen – Tuchatschewski wurde vom Militärgericht verurteilt und erschossen. Rokossowski mußte ins Gefängnis, Bagramjan auch. Ein Cousin von meinem Vater, ein hochgestellter Militär, wurde ebenfalls verhaftet und erschossen. Die Führung der Armee war geschwächt, auch fehlten die Erfahrungen einer modernen Kriegsführung. Tuchatschewski hatte seinerzeit noch dafür plädiert, Panzerbataillone aufzustellen. Es werde ein Krieg kommen, meinte er, der nicht ohne neueste Technik gewonnen werden könne; die Zeiten von Budjonnys Reiterarmee seien vorbei. Die Sowjetunion holte 1939/40 die Westukraine wieder heim, die einst von Piłsudski besetzt worden war. Die alten Grenzbefestigungen wurden abgebaut, um sie an der neuen Grenze, die nun westlicher lag, wieder aufzubauen. Dazu brauchte man Zeit! Polen war der Sowjetunion nicht gerade wohlgesonnen, deshalb wurde es 1941 von der deutschen Wehrmacht zum Aufmarschgebiet gemacht. Und trotzdem hatte es unmittelbar vor dem Krieg noch geheißen: Hitler wird Moskau nicht angreifen. Die sowjetische Nachrichtenagentur dementierte Berichte, denen zufolge deutsche Truppen an der sowjetischen Grenze zusammengezogen würden. Die Franzosen und Briten warteten ab, sie dachten, wenn Hitler nach Osten marschiert, sind die Bolschewiki bald erledigt, der führt unseren Krieg. Wie ich schon sagte, waren die neuen Grenzbefestigungen, die Militärtechnik zum Zeitpunkt des Überfalls überhaupt nicht aufgebaut und die Truppen nicht kampfbereit. Stalin wollte Hitler keinerlei Anlaß zu einem Angriff geben. Deshalb wurde keine Mobilmachung eingeleitet. Erst als die Faschisten schon im Lande standen, wurde sie ausgerufen. Die Sowjetunion war in einem kaum vorstellbaren Maße unvorbereitet. Die Flugzeuge befanden sich nicht in der Luft, sie standen in den Hangars und wurden sofort zerbombt. Deutsche Kommunisten – erste Überläufer hatten noch am frühen Morgen des 22. Juni den Bug überquert – teilten mit, der deutsche Angriffsbefehl sei ausgegeben. Auch Maiski, unser Botschafter in

London, hatte die sowjetische Führung frühzeitig benachrichtigt. Nichts davon änderte Stalins Haltung: Er wollte Hitler keinen Anlaß bieten. Das nützte aber nichts. Hitlerdeutschland hatte inzwischen beste Erfahrung mit dem Blitzkrieg und die Ressourcen von ganz Europa im Rücken. Die Armee war voll mobilisiert. Zu jener Zeit hieß es in der sowjetischen Presse: Die Deutschen hätten nur Ersatzstoffe für alles – Ersatzbenzin, Legierungen –, die Sowjetunion dagegen mit ihrem Bodenschatz-Reichtum, mit Eisen und Öl, sei schon von dieser Seite her unschlagbar. Aber das Industriepotential war in den westlichen Bezirken des Landes konzentriert, konnte schnell zerschlagen werden. Erst im Verlaufe der ersten Kriegsmonate begann man, die Rüstungsbetriebe hinter den Ural, in den Osten zu verlagern. Zudem galt vor dem Krieg die überhebliche Losung: Wenn schon Kampf, dann schlagen wir den Feind sehr schnell auf seinem eigenen Territorium, und zwar ohne großes Blutvergießen. Das waren Worte – aber wie sah es in der Realität aus, als der Krieg hereinbrach? Ein haarsträubendes Beispiel, an das ich mich gut erinnern kann, und leider nicht das einzige: In Moskau hatte man die Flakabwehr im Stadtzentrum konzentriert. Die Stadt war verdunkelt, aber die Flakabwehr erhellte sie, um die gegnerischen Flugzeuge anzustrahlen und sichtbar zu machen. Besser konnte man sich selber als Ziel für den Gegner nicht markieren.

HANS-DIETER SCHÜTT: Sie sagten, Sie seien den gesamten Krieg über vorwärts marschiert. Aber Sie blieben nicht dauernd Infanterist?

MORITZ MEBEL: Den ganzen Krieg über war ich Fußlatscher, in kniehohem Schnee an der Nordwestfront und in kniehohem Schlamm beim Vormarsch in der Ukraine. Ich trug Kunststoffstiefel, der Lehm zog uns alles weg, nur von Fußstapfen zu Fußstapfen bewegten wir uns manchmal vorwärts. Ende Mai 1942 erhielt die 130. Division den Befehl, weiter nach Westen vorzustoßen, um die Heeresgruppe Seydlitz einzukesseln. Diese Operation, der Demjansker Kessel, gelang aber nur teilweise, Seydlitz konnte einen engen Korridor behaupten. Da war ich aber schon nicht mehr dabei. Denn ebenfalls Ende Mai 1942 wurde eine neue Armee aufgestellt, die 53. Armee, etwa 20 Kilometer hinter der Front. Reserven wurden herangeführt, und so eine Armee, das ist ja wie ein Staat, der da entsteht: eigene Gerichtsbarkeit und Staatsanwaltschaft, eigene Krankenhauseinrichtungen und Transporteinheiten, eigene Artillerie, ja sogar eigene Bürokratie. Ich wurde dorthin abkommandiert wegen meiner deutschen Sprachkenntnisse, ich sollte in einer Politabteilung mitarbeiten. Wir waren verantwortlich für die politische Arbeit unter den gegnerischen Truppen, wir sollten sie über Greuel und Sinnlosigkeit ihres Krieges aufklären. Später kam dann die Arbeit mit der Bevölkerung der befreiten, insbesondere der besetzten Gebiete dazu. Wir fertigten Flugblätter an und organisierten Rundfunkübertragungen in vorderster Frontlinie. Es gab viel zu tun: Fronteinsätze, Sichtung und Auswertung der erbeuteten Wehrmachtsdokumente, der Feldpostbriefe, der Berichte über den moralischen Zustand der deutschen Einheiten, die sich vor unserem Frontabschnitt befanden. Zeitaufwendig war das Verfassen von Flugblättern, die sich unmittelbar mit den Ereignissen in den vor uns liegenden Wehrmachtstruppen befaßten. Jeder Satz mußte stimmen, insbesondere die Namen der Soldaten, Unteroffiziere oder Kompanieführer, die Verluste an Menschen und Material in der jeweiligen Truppe. Je konkreter der Inhalt, desto verblüffender die Wirkung. Das bestätigten uns deutsche Kriegsgefangene.

HANS-DIETER SCHÜTT: Wie kommt man an so einen neuen Abschnitt?

MORITZ MEBEL: Wie man dahinkommt? Ich war bereits zum Sanitätsinstrukteur befördert worden, das entspricht etwa einem Feldwebel. Eines Tages erhielt ich den Befehl, zum Regimentskommandeur zu kommen und meldete mich in seinem Erdbunker. Er eröffnete mir, daß ich mich in der Kaderabteilung der Armee zu melden habe und händigte mir die schriftliche Order aus. Eine kurze Verabschiedung von den Genossen der Sanitätseinheit, man wünschte einander viel Glück – und ab ging es ... Das Regiment ist später beim Versuch, den Kessel bei

Demjansk zu schließen, selbst in einen Kessel geraten. .... Ja, und dann ziehst du einfach los, bist allein, und feindliche Spähtrupps können dich erwischen. Ich hatte damals aber schon eine Pistole, immer schußbereit. Für mich würde es keine Gefangenschaft geben, das stand fest.

Bis Anfang 1943 war ich an der Nordwestfront. Es war ein furchtbarer Abschnitt, keine halbwegs durchgehende Frontlinie, du liefst ständig Gefahr, in die feindlichen Schützenlöcher zu geraten. Es war eine ärmliche Gegend, lauter Sümpfe. Wir waren ziemlich verlaust, und am verlaustesten war Oberleutnant Fradkin, ein Literaturwissenschaftler von der Moskauer Universität, ein typischer, unverbesserlicher Zivilist. In den Nächten haben wir den Oberkörper entblößt und die Nähte der Hemden ans Feuer gehalten, bis sie fast angesengt waren. Der etwas unbeholfene Fradkin guckte die Tierchen an und versuchte jede einzeln zu knacken. Fradkin war Anfang des Krieges zur Artillerie abgestellt gewesen, das ist ja im Verhältnis zum Infanteristen ein gehobener Stand – aber er hatte Streit mit einem Vorgesetzten, und man versetzte ihn an die vorderste Front. Auch in der Armee gelten die Hierarchien, wie man sie aus dem Alltag kennt – nur mit einem wesentlichen Unterschied: Ist der beleidigte Vorgesetzte kleinlich und nachtragend, so kann das im Krieg einen anderen Menschen das Leben kosten. Später wurde Fradkin begnadigt und in unsere 7. Abteilung der 53. Armee abkommandiert. So lernte ich ihn kennen. Er agitierte an vorderster Front mit einem primitiven Sprachrohr, ohne technische Ausrüstung, sprach in gutem Deutsch in Richtung des Feindes. Da es, wie gesagt, keine deutliche Frontlinie gab, marschierte er los, und auf einmal ertönte hinter ihm eine warnende Stimme: »Genosse, wohin gehen Sie denn!« Er drehte sich um, warf sich hin, und da peitschten auch schon die Schüsse von der deutschen Seite. Etliche Zeit dienten wir dann zusammen in unserer Abteilung der 53. Armee. Nach dem Krieg hat er mich in der DDR besucht, er war wissenschaftlicher Mitarbeiter am Institut für Internationale Literatur in Moskau, ein Brecht-Experte.

HANS-DIETER SCHÜTT: Haben Sie im Krieg getötet?

MORITZ MEBEL: Ich weiß es nicht. Aus dem Schützengraben habe ich in Richtung Feind geschossen, klar. Ein Nahkampf blieb mir aber erspart. Einem Kriegsgefangenen oder Zivilisten, auch auf besetztem Gebiet, habe ich nie ein Haar gekrümmt. Es war an der Nordwestfront 1942. Unsere Luftabwehr hatte einen Bomber abgeschossen und den Piloten gefangengenommen. Oberst Schkurin, ein weißhaariger, nicht mehr junger Mann, nahm mich als Übersetzer mit zum Verhör. Der Gefangene benahm sich herausfordernd, er war ein richtiger Nazi. Der Oberst blieb während des Verhörs ganz ruhig. Zum Schluß sagte er mir, offenbar hatte er bemerkt, daß ich mich über diese Beherrschung wunderte: Niemals schlagen! Wenn du schlägst, beweist du deine Ohnmacht, und die Wahrheit bleibt auf der Strecke! Diese Worte habe ich mir für immer eingeprägt.

HANS-DIETER SCHÜTT: Wirkten denn Ihre Formen von agitatorischer Einflußnahme auf die Faschisten?

MORITZ MEBEL: Agitation und Propaganda wirkten immer dann, wenn vorher die Waffen gewirkt hatten. Ausschlaggebend war immer der jeweilige moralische Zustand der gegnerischen Truppe. Hatte sie militärische Mißerfolge, waren die einzelnen Soldaten auch physisch und psychisch angeschlagen, also anfällig für Zweifel. Sie wurden stichhaltigen Argumenten unsererseits zugänglich.

HANS-DIETER SCHÜTT: Anfang 1943 war die Stimmung schon besser in der Roten Armee?

MORITZ MEBEL: Es ging voran, Stalingrad war entschieden. Leningrad freilich befand sich noch in der Umklammerung. Zu dieser Zeit wurde unsere Armee herausgezogen aus der Nordwestfront. Es ging in südöstliche Richtung, in den Kursker Bogen. Als die Schlacht um den Kursker Bogen begann, hatte die sowjetische Generalität schon große Fronterfahrung und enorm dazugelernt. Von den bislang praktizierten verlustreichen Frontalangriffen wurde abgesehen. Die sowjetische Panzertechnik war inzwischen überlegen, die Artillerie auch, aber die

Luft beherrschten noch immer die Deutschen. Der Gegner konnte zwar nicht mehr an der gesamten Ostfront angreifen, aber an manchen Stellen hatte er noch immer starke Kräfte konzentriert. Es wurde eine Steppenfront aufgebaut, praktisch eine zweite Linie, um einen Durchbruch der Faschisten zu verhindern. An diese neue Front kam auch unsere 53. Armee. Der Aufgabenbereich unserer 7. Abteilung erweiterte sich. Aber leider nicht die Zahl der Mitarbeiter. Wir hatten unsere eigene Druckerei, der Schriftsetzer konnte zwar kein Deutsch, aber er setzte die von uns geschriebenen Flugblätter einwandfrei, und zwar nur nach dem Schriftbild. Die Flugblätterstapel wurden zur Flugstaffel gebracht, und die sogenannten Nähmaschinen – das waren Doppeldecker, die über den feindlichen Positionen in der Luft fast stehenbleiben konnten – warfen die Papiere direkt über den gegnerischen Schützengräben ab. Wir hatten auch große Lautsprecherwagen, der Lautsprecher nahm den gesamten hinteren Teil des Wagens ein, im vorderen Teil befanden sich Technik und Sprecher. Den LKW mußte man rückwärts in die vordere Linie hineinfahren. MGU nannte sich diese »Mausefalle« für Sprecher, Techniker und Fahrer. Es war eindeutig eine Zielscheibe, aber im Krieg wird so was halt vernachlässigt. Der Radius unserer ersten, noch primitiven Sprechanlagen betrug etwa 100 Meter, der des MGU schon 500 Meter und mehr. Wir verlasen Flugblätter, und manchmal war es ein nicht sehr angenehmer Dialog: Wir sprachen – und Trommelfeuer antwortete. Auch haben wir Feldpostbriefe ausgewertet, da war Post dabei, die hatte sich gewaschen. Wir staunten über den bitteren Realismus mancher Soldatenbriefe. Zu unseren Aufgaben gehörten auch Vorträge in den eigenen Truppen, über den moralischen Zustand der faschistischen Armee. Gefangene haben wir befragt, ob sie bereit wären, zu ihren Kameraden zu sprechen. Konkret, mit Nennung ihres eigenen Namens. Nicht alle brachten diesen Mut auf. Wer sich weigerte, wurde aber in Ruhe gelassen, zu nichts gezwungen. Der Sowjetsoldat ist im Kampf schrecklich, er kennt kein Pardon, aber in dem Moment, da der Feind gefangen ist, behandelt er den Gegner wie einen Menschen. Der Russe ist gutmütig. Ich schränke ein: Das ist meine Erfahrung gewesen. Sicher geschahen auch böse Dinge auf sowjetischer Seite, vor allem, als wir auf feindlichem Territorium waren, aber ich wehre mich nach wie vor gegen eine Betrachtungsweise, bei der die Wirkung die Ursache anklagt. Es war keine Seltenheit, daß unsere Soldaten nach den Kämpfen mit den deutschen Gefangenen Machorka teilten. Gefangene wurden als wehrlose Menschen betrachtet.

HANS-DIETER SCHÜTT: Es gab auch deutsche Überläufer, Soldaten, Offiziere und Generäle?

MORITZ MEBEL: Aber das waren 1943 noch Ausnahmen. Die staunten, daß ich so gut deutsch sprach. Als wir übrigens die ersten Gefangenen gemacht hatten, stießen wir auf enorme Arroganz. Die Deutschen dachten, wir servieren ihnen den Schlüssel für Moskau auf dem silbernen Tablett. Sie nahmen die Gefangenschaft gar nicht so ernst. Später war es aber auch nicht einfach: Die Verunsicherung der Gefangenen wuchs, doch man wußte nicht, ob sie nur ihr Leben retten wollten und uns deshalb mehr und mehr zum Munde redeten. Mich erstaunte, wie ungebildet viele deutsche Soldaten waren. Wenn sie, in Gefangenschaft geraten, an ihre Kameraden schrieben, auf freiwilliger Basis, konnte mancher nicht mal einen einzigen Satz formulieren, von den vielen grammatikalischen Fehlern ganz zu schweigen. Natürlich, das sah auf sowjetischer Seite, besonders bei den nichtrussischen Völkern, nicht viel anders aus – aber ich blickte nun mal mit besonderer Ehrfurcht auf diese Sprache der Dichter und Denker.

Ende 1943 wurde das Nationalkomitee Freies Deutschland gegründet, diese Offiziere kamen manchmal auch zu uns in die Armee und sprachen mit gefangenen deutschen Soldaten, aber auch zu den Landsern in vorderster Front. Mit der Zeit wurde die militärische Aufklärung immer besser; kam es zu deutschen Truppenverschiebungen, wunderten sich die neuen Truppenteile vor uns bestimmt, daß sie plötzlich von sowjetischer Seite mit »Namen und Adresse« per Lautsprecher begrüßt wurden.

HANS-DIETER SCHÜTT: Zogen unbefriedigende Verhöre im Armeestab, hinter der Front, so etwas wie Liquidation oder sonstwelche Rachehandlungen nach sich?

MORITZ MEBEL: Nein. Eindeutig nein. Ich habe ja meine Erfahrungen diesbezüglich aus dem Jahre 1942 geschildert. Auch aus späterer Zeit sind mir Racheakte an oder gar Liquidationen von Kriegsgefangenen nicht bekannt.

HANS-DIETER SCHÜTT: Wie nahmen Sie den berühmten, berüchtigten Befehl 227 auf?

MORITZ MEBEL: Eines Nachts – wenn ich nicht irre, war es im Februar/März 1942 – wurden wir geweckt. Der Befehl 227 des Oberbefehlshabers der Roten Armee, Stalin, wurde verlesen. Ein sehr harter Befehl: Sowjetische Soldaten dürften sich keiner Feigheit vor dem Feind schuldig machen und auch nicht freiwillig und lebend in Gefangenschaft gehen; Feiglinge würden unerbittlich bestraft. Auch Selbstverstümmelung. Stalin sprach darüber, daß unsere sowjetischen »Adler« abdrehten, wenn sie deutsche Flugzeuge sähen. Das sei unverzeihlich. In Sachen Kampfesmut und Frontdisziplin müßten wir von unseren Feinden lernen. Es wurden dann, laut Befehl, Strafeinheiten aufgestellt; Strafkompanien für die Mannschaften, Strafbataillone für Kommandeure bzw. Kommissare. Du konntest, wegen irgendeiner Verfehlung, vom Kommandeur in so eine Kompanie geschickt werden, das war meist ein Todesurteil. Diese Truppen kamen an die vorderste Front, unmittelbar an die gefährlichsten Abschnitte. Beim Angriff waren sie die Ersten. Diese Soldaten und Offiziere sollten mit ihrem Blut ihre Schuld dem Vaterland gegenüber wiedergutmachen, so stand es in dem Befehl. Wir waren deprimiert, als wir in jener Nacht den Befehl entgegennahmen. Erstmalig waren die legendären Stalinschen »Adler« von Stalin selber brüskiert und bloßgestellt worden. Gibt es noch Fragen? hieß es in jener Nacht. Wenn nicht, dann wegtreten! Keiner sagte was, tiefe Betroffenheit herrschte. Ich weiß nicht mehr, ob wir uns hinterher überhaupt noch unterhielten. Jeder versuchte, wieder zu schlafen. Der eben gehörte Befehl legte die verzweifelte Lage der Sowjetunion dar, die bittere

Wahrheit stand plötzlich vor unseren Augen; kurz gefaßt lautete der Befehl: »Keinen Schritt zurück!« Wir waren erschüttert. Noch heute bewegt mich tief, was Konstantin Simonow, ganz im Sinne dieses Befehls, in seinem Roman »Man wird nicht als Soldat geboren« so hart schrieb: »Nur jene Völker sind wert zu leben, die sich nicht fürchten und die zu sterben verstehen, das hat wohl die harte Logik der Geschichte mehr als einmal bewiesen ...« Heute erschüttert mich die Gnadenlosigkeit dieses Satzes. Sicher hat er recht, aber es ist trotzdem grausam. Aber auch diese Frage muß immer mitgestellt werden: War es nicht das Verbrechen Hitlerdeutschlands, den Weltkrieg entfesselt zu haben, welches diese Gnadenlosigkeit, diesen barbarischen Zwang auslöste?

HANS-DIETER SCHÜTT: Sie erzählten vorhin, Sie seien ziemlich unbeschwert in den Krieg gezogen. Hatten Sie keine Angst vorm Tod? Was halten Sie von den Legenden eines Heldentums, mit dem im nachhinein, besonders in einer bestimmten Art von Kunst, sowjetische Kriegsgeschichte erzählt wurde?

MORITZ MEBEL: Einmal, es war an der Nordwestfront, rief uns ein hochrangiger Kommandeur zusammen, er hatte gegen die Japaner gekämpft, und er sagte: Furchtbar ist dieser Krieg, viele Hunderttausende sind schon gefallen, ihr werdet auch fallen – ihr müßt euch unbedingt mit diesem Gedanken abfinden, daß euer Leben bald beendet ist. Wenn ihr das verinnerlicht, nur dann habt ihr eine kleine Chance zu überleben. Wer Angst hat, stirbt zuerst, und Feiglinge sterben in jedem Falle. Wir hörten uns das an. Mein Gott, wir waren jung, niemand dachte, trotz allem, was wir schon gesehen und erlebt hatten, wirklich an den eigenen Tod. Heldentum im Krieg ist eine unberechenbare Reaktion in einem nicht vorherbestimmbaren Moment. Die Interpretation wird immer erst im nachhinein erfunden – wie jede Philosophie über den Sinn des Lebens. Heldentum ist meines Erachtens: für seine Überzeugung bewußt ins KZ zu gehen. Wenn man als Deutscher anderen geholfen, wenn man Juden oder Widerstandskämpfer versteckt hat, wenn man es tat, obwohl man sich sehr genau die Folgen ausrechnen konnte – das ist Heldentum. Heldentum entsteht immer, wenn eine Handlungsalternative besteht. Im Krieg gibt es die meistens nicht. Was wie Heldentum aussieht und objektiv auch ist – es wird aus einer sehr konkreten Situation heraus geboren. Ich glaube nicht, daß sich jemand vornimmt, mit seinem Körper ein Maschinengewehrfeuer zu ersticken. So habe ich das nie erlebt oder gehört. Es passiert im Kampf, es ist eine Reflexreaktion, ein Affekt. Einem Flieger geht die Munition aus, er fliegt in einen deutschen Bomber, beide stürzen ab. Hinterher ist es berechtigt, von einer Heldentat zu sprechen, natürlich. Aber wenn du in der vordersten Linie sitzt oder stehst, in Eislöchern bei minus vierzig Grad, da denkt man nicht an Heldentum. Da wird man höchstens apathisch.

HANS-DIETER SCHÜTT: Und wie ist es mit dem Gedanken an den Tod? Sie sagten ja, Gefangenschaft wäre für Sie nicht in Frage gekommen.

MORITZ MEBEL: An der Nordwestfront, in einer sumpfigen Gegend, war die Versorgung der Truppe in allen Belangen furchtbar schlecht. Die Fahrzeuge kamen nicht durch, tagelang hatten wir nichts gegessen. Da freilich denkst du manchmal: Ach, wenn jetzt eine Kugel käme. Als wir ein Dorf eingenommen hatten, wärmten wir uns an offenem Feuer. Instinktiv ging man mit den Filzstiefeln ran an die Glut, der Schnee schmolz sofort, es war angenehm; ging man aber wieder weg, wurden die Stiefel zu Eiszapfen – und du selbst auch. Da hast du dir manchmal den Tod herbeigewünscht, schnelles Sterben. Ruhe, einfach Ruhe. Am Ersticken ist das Feuer schuld, am Erwürgen der Atem, am Mord das Leben. Auch am Mord an sich selbst. Es gab ja den Kommissar-Erlaß Hitlers, nach dem alle politischen Mitarbeiter (Kommissare) sofort standrechtlich zu erschießen seien. Ich war Deutscher in den Reihen der Roten Armee, Jude und Offizier einer Politischen Abteilung! Meine einzige Sorge war: Hoffentlich habe ich noch die Zeit, mir eine Kugel in den Kopf zu jagen. Ja, an den Tod habe ich manchmal gedacht, ich habe ihn mehr und mehr als eine Möglichkeit akzeptiert – aber seltsamerweise rechnete ich nie ernsthaft damit, »nur« schwer verwundet zu werden. Obwohl ich täglich, ja stündlich solche Schwerverwundete um mich herum erlebte. In einem Granattrichter hockten ich und eine Sanitäterin, ich kroch kurz weg. Als ich zurückkam, hatte eine Granate ihr ein Bein weggerissen. Ich band mit einer Schlauchbinde den Oberschenkel ab und schleppte sie zum Sanitätspunkt. Daß ich selber zum Krüppel werden könnte, nein, davor hatte ich keine Angst, das schloß meine Phantasie aus irgendeinem Grunde aus. Ehrlich gesagt, hatte ich auch wahnsinniges Glück. Ein Beispiel: Vor den deutschen Positionen hinter einer Böschung bauten wir unseren Lautsprecher samt Verstärker auf. Ein Techniker war dabei und der Bataillonskommissar. Ich stand links, der Kommissar rechts und der Techniker in der Mitte. Fertig, sagte er. Wir tauschten den Platz, und genau in der Sekunde, da wir die Plätze getauscht hatten, bricht der Techniker zusammen: Lungendurchschuß, knapp am Herzen vorbei. Er wurde gerettet. Wie durch ein Wunder, das einen Sekundenbruchteil dauerte, war ich selbst verschont geblieben. Das sind so Augenblicke, da glaubst du an Schicksal. Ein anderes Mal, es war 1943 bei Charkow, sollten wir mit unserem MGU senden. Tagsüber hatten wir in vorderster Linie die Position ausgemacht und den Graben für den Wagen ausgehoben. Gesendet werden sollte, wenn es dunkelt. Ich bekam Schüttelfrost, hohes Fieber, Schweißausbrüche und mußte zurück in den Stab gebracht werden. Ein anderer Sprecher mußte einspringen. Just bei diesem Einsatz traf eine Granate den Wagen. Dem Fahrer wurde das Bein abgerissen, der Mechaniker starb, der Sprecher wurde ebenfalls schwer verletzt. Wieder hatte ich Glück. Ich bin kein Fatalist, aber es gab Zufälle, die mich wortlos machten.

Als wir zum Beispiel von der Nordwestfront herausgezogen wurden, Ende 1943, wurde die Steppenfront aufgemacht. Als der Angriff der Faschisten kam, nördlich von Belgorod, stießen wir vor in Richtung Poltawa. Es war furchtbar schwer, voranzukommen, die Muniton wurde von der Bevölkerung getragen, die Wagen kamen nicht durch den Schlamm. Ich trug Stiefel aus Kunststoff, der aufgeweichte Lehmboden zog sie mir förmlich von den Füßen. Mühsam! Eine unsägliche physische Anstrengung. Höchstens zehn Kilometer schafften wir am Tag. Wir befanden uns auf dem Vormarsch in Richtung des Dnepr. Hier durchquerte ich als Infanterist die 100 Kilometer breite tote Zone – eine Zone der verbrannten Erde. Mit eigenen Augen sah ich die niedergebrannten Dörfer und Scheunen, in die man vorher Kinder, alte Menschen mitsamt verbliebenem Vieh hineingetrieben hatte. Das waren nicht nur die SS-Schergen, sondern Soldaten der regulären Wehrmacht legten ebenfalls Hand mit an bei diesen Verbrechen. Natürlich kann man nicht jeden deutschen Soldaten einen Mörder nennen, aber jeder deutsche Soldat diente in einer Armee, über die die Geschichte ein vernichtendes Urteil sprach. Das relativiert jede persönliche Unschuld und jeden Befehlszwang.

Aber, worauf ich hinauswollte: Vorgestoßen sind wir bis Krementschug am Dnepr. Wir waren an der 2. Ukrainischen Front. Das westliche Ufer des Dnepr ist höher als das östliche. Dort hatte die Wehrmacht ihre Verteidigungslinie, den »Ostwall«. Am westlichen Ufer lag ein Regiment von uns – ein Brükkenkopf. Vom Gegner wurde versucht, den Brückenkopf zu liquidieren. Ausgerechnet auf diesen Brückenkopf sollte ich übersetzen, um per Lautsprecher Agitation und Propaganda zu betreiben. Ich konnte nicht schwimmen. Der Dnepr ist breit, ich mußte mit einem Gummiboot übersetzen, das zudem mit Munition bepackt war. Eine Situation, da schloß ich eigentlich mit meinem Leben ab. Tagsüber bin ich übergesetzt – und ich hatte meinen Schutzengel. Ich meldete mich beim Kommandeur, aber senden konnte ich nicht, da der Beschuß zu stark war. Nachts ging es zurück – wieder kam ich zu meinem Erstaunen lebendig an.

Unvorstellbar ist auch der Leichtsinn, mit dem man sich mitunter in Gefahr begab: Wir befanden uns in einem Dorf in der Nähe des Dnepr-Ufers. Ich war in meiner Abteilung immer der Jüngste, dann kamen Kotelnikow und Fradkin. Wir waren vorn am Dnepr und prüften, wo wir Position für die MGU beziehen könnten. Ein einzelner Baum stand da, hochaufragend, ein exakter, nicht zu übersehender Zielpunkt der Deutschen. Das muß man sich vorstellen: Wir sahen den Baum, und wetteten, wer so mutig sei, hochzuklettern. Russisch Roulett. Wir waren zu dritt, und alle drei kletterten nacheinander hoch. Erst hinterher überwältigte uns die Angst, brach uns der Schweiß aus, beim bloßen Gedanken daran, was wir da in tödlichem Leichtsinn getan hatten. Wir waren jung!

HANS-DIETER SCHÜTT: Dann ging es nach Rumänien.

MORITZ MEBEL: Ja. Die Grenze zu Rumänien überschritten wir nach der Befreiung der Moldawischen Sowjetrepublik, am 21. August 1944. Es war unsere 53. Armee, die als erste die westliche Staatsgrenze der UdSSR erreichte. Die Einheiten der 2. Ukrainischen Front, darunter unsere 53. Armee, hatten die Aufgabe erfüllt, die Moldawische SSR zu befreien. Das pronazistische Rumänien, formal ein Königreich, wurde von General Antonescu diktatorisch regiert. Die Königsfamilie hatte wenig zu sagen. Deshalb konspirierte Königssohn Mihai mit der illegalen Kommunistischen Partei, um Antonescu zu stürzen. Mitte August 1944, als Antonescu von einem Treffen mit Hitler zurückgekehrt war und sich bei Mihai im Palast einfand, wurde er von Kommunisten verhaftet. In Bukarest kam es zu einem Aufstand unter maßgeblicher Teilnahme der illegalen rumänischen KP. Die Rote Armee stand vor den Toren der Hauptstadt. Bukarest konnte ohne Blutvergießen von unseren Truppen eingenommen werden. Rumänien verließ die Hitler-Koalition und schloß sich den Alliierten an. Als Rumänien an der Seite Hitlers in den Krieg gegen die Sowjetunion eingetreten war, hatte es von ihm zur Belohnung die Moldawische SSR und einen Teil der sowjetischen Schwarzmeerküste zugesprochen bekommen. Von Odessa aus regierte Prof. Alecsanu mit harter Hand das okkupierte Gebiet. Auch Zivilisten wurden zum Tode verurteilt und ihre Namen in allen größeren Ortschaften ausgehängt. Als ich Anfang September 1944 die Gelegenheit hatte, mit Herrn Alecsanu darüber zu sprechen, konnte er sich an nichts erinnern. Nach seinen Worten war er in erster Linie Professor für Verwaltungsrecht an der Universität in Bukarest.

Die Armut in den rumänischen Dörfern war erschreckend, dagegen nahmen sich die schlimmen Verhältnisse auf dem Lande in Rußland geradezu nobel aus. Wir waren erschüttert: schiefe, strohgedeckte Hütten; Mamaliga, das auf Wasser zubereitete Maisbrot, war oft das einzige Nahrungsmittel; es gab kein elektrisches Licht, Straßen fehlten.

Bei dem panikartigen Rückzug der deutschen Truppen hatten wir inzwischen Mühe, diese wieder einzuholen. Wenn wir deutsche Sender abhörten und dort von planmäßigem Rückzug gesprochen wurde, wußten wir: Es handelt sich um heillose Flucht. Zu dieser Zeit geschah es, daß ich um ein Haar in Gefangenschaft geraten wäre, das erste und einzige Mal – 1944 bei Korsunschewtschenko. Ich bekam den Befehl, in die vorderste Linie zu gehen, es ging um die Suche einer Position für unsere große Laustprecheranlage. Mit einem Motorrad, einer Trophäe vom Feind, fuhr ich los, bis zur vordersten mir benannten Einheit. Die Straße war gut befahrbar. Als ich ankam, guckten die mich ganz entgeistert an: Wie bist du denn hierhergekommen?! Über die Chaussee, erwiderte ich seelenruhig. Um Gotteswillen, die sei doch in den Händen deutscher Truppen, die teilweise aus dem Kessel ausgebrochen waren! Wieder einmal war ich davongekommen. Kaum, daß ich die Chaussee passiert hatte, wurde sie von der Wehrmacht besetzt. Das war Minutensache.

Über Ploesti sind wir dann nach Bukarest hinein. In Rumänien hielten wir uns etwa zwei Wochen auf, passierten die Karpaten und überquerten am 7. Oktober 1944 die Grenze nach Ungarn. Im März 1945 waren wir in der Slowakei. Die ungarischen Einheiten hatten übrigens harten Widerstand geleistet. Die Salaschisten waren fanatische Nazis, sie standen in ihrer Grausamkeit nicht hinter den SS-Verbänden zurück. Einige Monate verbrachten wir bei Debrecen. Wir waren ziemlich dezimiert. Unter den Sowjetsoldaten, die in den befreiten Gebieten der UdSSR eingezogen worden waren, befanden sich auch untergetauchte Wlassow-Leute. Diese waren oft sehr brutal gegenüber der Bevölkerung. Eine ältere Frau holte mich in ihren Hof, dort lag eine junge Frau – tot. Ein Rotarmist hatte sie erschossen. Wenn man als Militär nach einem langen Krieg einen toten Zivilisten sieht, ist das etwas anderes als der Anblick eines toten Soldaten. Den Täter zu suchen hieß, eine Stecknadel im Heuhaufen zu suchen. Aber er wurde gefunden, er wollte die junge Frau vergewaltigen, sie wehrte sich. Der Soldat kam vors Tribunal. Es war kein Rotarmist, sondern ein Wlassow-Mann, das gab er zu, es hätte aber auch ein anderer sein können. Er wurde erschossen. Die kämpfende Truppe war inzwischen weitergezogen. Wir stießen zur Donau vor. In Pest gab es schwere Kämpfe, denn den höhergelegenen Teil der Stadt am westlichen Ufer, Buda, hatten die Faschisten zu einer waffenstarrenden Festung ausgebaut. Wir nahmen Pest ein, sahen die Donau, aber sie war nicht so blau, wie wir sie aus der Musik von Johann Strauß kannten.

1945, wenn eine Stadt eingenommen worden war, mußten die Mitarbeiter unserer 7. Abteilung sofort vor Ort sein. Wir sollten helfen, die örtliche Verwaltung aufzubauen und berieten die sowjetischen Kommandanten; auch mußten antifaschistische Kräfte ausfindig gemacht werden. Am 31. März 1945 bin ich in Nitra, durch eine Handgranate, die aus einem Fenster geflogen kam, doch noch verwundet worden. Ich drehte mich schnell weg, bekam einen Splitter in den Rücken, dem Offizier neben mir zerschnitt ein Splitter die Kehle. Er war auf der Stelle tot. Ich wurde operiert, aber den Splitter fand man nicht. Mir war es wieder durch einen Zufall beschieden, weiterzuleben. Im Röntgenbild, am nächsten Tag angefertigt, lag der Splitter unmittelbar neben der Wirbelsäule. Dort liegt er auch heute noch, eingekapselt von Bindegewebe. Ein Andenken.

Am 10. Mai 1945 verließen wir unseren Standort Goloski, um über unseren Lautsprecherwagen wieder unmittelbar mit den deutschen Soldaten »ins Gespräch« zu kommen. Wir kamen aber kaum vorwärts. Kilometerlange Staus, die Straßen wurden von Minen geräumt – so daß wir beschlossen, in einem nahegelegenen Wäldchen abzuwarten. Und diesen Augenblick werde ich nie vergessen. Keine Menschenseele. Die Bäume unberührt von Kriegshandlungen. Vögelgezwitscher, und die Sonnenstrahlen drangen durch das grüne Laub. Es war wunderschön, geradezu ein Naturwunder für uns. Bis jetzt hatten wir nur verbrannte oder abgeholzte Wälder gesehen – oder hatten wir nur «verlernt«, die Schönheiten der Natur überhaupt wahrzunehmen?

»Ich habe für meine Ideale
gekämpft. Ich habe Menschen
helfen können.
Ich bereue nichts.«

Das vierte Gespräch

über

Die Ankunft in der Höhle des Löwen
Umwege in den Fernen Osten
Moskauer Wiedersehen nach fünf Jahren
Hochzeitsreise gen Westen
Narkose von morgens bis abends
Wodkagenuß mit Alarmzeichen
Marx, die PDS und Realpolitik
Unzählige Wahrheiten eines Lebens
Benjamin Franklin
und fehlgeschlagene Erwartungen

Die einzig mögliche Regierungsform in einer Klinik ist die des aufgeklärten Absolutismus.

WALTER STÖCKEL

HANS-DIETER SCHÜTT: Was denkt ein Deutscher, der Offizier der Sowjetarmee ist und eines Tages als Sieger in jenes Land zurückkehrt, das seine ehemalige Heimat war?

MORITZ MEBEL: Ich greife etwas vor. Wir kamen aus der Tschechoslowakei, die 53. Armee hatte den Marschbefehl nach dem Fernen Osten erhalten. Wir fuhren über Cottbus und Dresden, es boten sich uns schreckliche Anblicke. Dresden, der abendliche Gang durch die Altstadt – entsetzlich! Ich sah die Trümmerfrauen, ich sah die vielen leeren Gesichter. Aber ich dachte an die verbrannte Erde am Dnepr, und das Mitleid schwand. Ich bemühte mich immer, zwischen den Untaten der Faschisten und den Leiden der Zivilbevölkerung in den von uns nunmehr besetzten Gebieten klar zu unterscheiden. Die Verbrechen der Hitlerwehrmacht in den besetzten Gebieten wurden vom faschistischen Deutschland verübt – hier hatten wir die Zivilbevölkerun vor uns. Diese Menschlichkeit, es ist ja so etwas wie eine Kulturpflicht, gab es im Denken und Handeln vieler sowjetischer Soldaten und Offiziere.

Die Rote Armee war in der Höhle des besiegten Löwen, ich hatte nun auf rasche Demobilisierung gehofft, denn ich wollte mein Medizinstudium fortsetzen. Vorher aber hätte ich gern Erfurt wiedergesehen. Wie Deutschland nach dem Krieg aussehen würde – darüber habe ich mir keine Gedanken gemacht. Unsere 7. Abteilung hörte feindliche Sender ab, und aus dem Sender erfuhren wir, wie der Führer angeblich bis zuletzt gekämpft habe und wie ein Held gefallen sei. Am 8. Mai kapitulierte Deutschland bedingungslos – bei uns gingen die Kämpfe bis zum 11./12. Mai weiter. Generalfeldmarschall Schörner hatte es seinen Truppen befohlen! Nach etwa einer Woche wurden der gesamte Stab sowie die Politabteilung zusammengerufen. Der Chef der Politabteilung hielt eine Rede. Sie kam für uns überraschend. Sinngemäß sagte er, daß wir Soldaten seien, und als Soldaten müßten wir kämpfen – und zwar so lange, bis es auf der ganzen Welt Frieden gibt. Wir staunten: Der Krieg ist doch zu Ende. Wir wußten nichts von der Verpflichtungen der Sowjetunion den Alliierten gegenüber, gegen das faschistische Japan zu kämpfen. Auch wenn ich an die lange vorher datierte Ardennen-Offensive denke: Bei der war es Churchills Wunsch, den Angriff, die Offensive der Sowjets vorzuverlegen. Moskau zeigte sich einverstanden, aber das »Ja« sagt sich immer leicht in der Politik – dieses »Ja« war mit einem weiteren grausamen sowjetischen Blutzoll verbunden. Aber Stalin, die Sowjetunion hielt ihr Wort. Ende Mai erhielten wir also den Befehl, ich hatte es angedeutet: Es geht nach dem Fernen Osten! Technik wurde verladen, auch der schöne blaue Horch-Zwölfzylinder, der dem Generalfeldmarschall Schörner gehört hatte; er selber war getürmt. Per Bahn, beladen mit Fahrzeugen, darunter auch erbeuteten Kfz, fuhren wir los. Bei einem kurzen Aufenthalt in Moskau habe ich erstmals seit Oktober 1941 meine Angehörigen wiedergesehen.

HANS-DIETER SCHÜTT: Wo waren Sie im Fernen Osten stationiert?

MORITZ MEBEL: In der Mongolei, in Tschojbalsan. Der Ort galt als Stadt, war aber nur ein etwas größeres Dorf. Holzhäuschen, viele Jurten, eine einzige Straße. Das schönste Haus war der Klub. Der sowjetische Konsul wohnte in einem grünen Holzhaus. Die nach und nach eintreffenden Einheiten der Sowjetarmee sammelten sich. Es verging Zeit. Öde Zeit. Das Wasser war rationiert, pro Tag gab es einen Liter – für alles. Die größte Plage waren die unzähligen Flöhe, dagegen kamen uns die Läuse, die wir im Krieg erlebt hatten, wie eine Bagatelle vor. Wir lagen in der Steppe, ringsum Berge, die sollten wir überqueren, in Richtung China, und die Japaner schlagen. Im August erreichte uns die Nachricht vom Atombombenabwurf der US-Amerikaner. Längst ist dieser schreckliche Akt ganz selbstverständlich mit dem Gedanken an eine unfaßbare Sinnlosigkeit verbunden. Wir dachten nur eines: Jetzt ist der Krieg wirklich zu Ende, die Japaner hatten schließlich heimtückisch Pearl Harbour überfallen, und die USA waren unsere Verbündeten. Ich hoffte, entweder nach Moskau oder nach Deutschland abkommandiert zu werden, landete aber im westsibirischen Militärbezirk in Nowosibirsk und sollte dort japanische Kriegsgefangene betreuen. Unser Wachbataillon war komplett – nur die japanischen Kriegsgefangenen fehlten. Ich war bei einer älteren Frau einquartiert, deren stolzester und hochgehüteter Besitz – ein Schwein war. Gleichsam ihre Lebensversicherung. Sie hielt das Tier unter ihrem Bett.

Im Oktober 1945 bin ich dann von der Politischen Hauptverwaltung der Sowjetarmee angefordert worden für die Arbeit in der Militärverwaltung der Sowjetischen Besatzungszone in Deutschland. Im November des ersten Friedensjahres kam ich also nach Deutschland zurück – um mitzuhelfen, die antifaschistisch-demokratische Selbstverwaltung zu stärken und zu beraten. In Merseburg arbeitete ich in der Militärverwaltung des Regierungsbezirkes Halle-Merseburg. Ich lernte engagierte Kommunisten, Sozialdemokraten, bürgerliche Menschen kennen, die mit Engagement darangingen, ein wirklich neues Deutschland aufzubauen. Aber es gab auch viele andere ... Untergebracht war ich am Park, bei einem Zahnarzt-Ehepaar. Die beiden hatten zwei Kinder, ich bewohnte die untere Etage ihres Hauses. Durch die Kommandantur wurde ich gut versorgt, ich bekam damals etwa 2000 Mark. Das war sehr viel. Mein Fahrer, er stammte aus Merseburg, bekam 300 Mark monatlich. Ich mußte ihn selbst bezahlen, denn ein Dienstwagen stand mir nicht zu.

HANS-DIETER SCHÜTT: Zitat Moritz Mebel, aus einem Zeitungsinterview: »Mein sowjetisches Soldatenbüchlein ist ganz wichtig gewesen, zur Berechnung meiner Pension. In der Bundesrepublik 1991 mußte ich nachweisen, kein Berufssoldat gewesen zu sein.«

MORITZ MEBEL: Ja. Wäre ich sowjetischer Berufssoldat gewesen, hätte die Sowjetunion meine Pension zahlen müssen. Aber ich konnte zum Glück belegen, daß ich ein Freiwilliger war. Ich finde es ganz gerecht, daß die Rechtsnachfolger des sogenannten Dritten Reiches dafür bezahlen, daß ich gegen den deutschen Faschismus kämpfte.

HANS-DIETER SCHÜTT: Trugen Sie als Militäroffizier nach dem Krieg Zivil?

MORITZ MEBEL: Ja, auch. In Halle wurde ich eingekleidet, in einem großen Lager. Zwei Anzüge, Schuhe, Unterwäsche. Am Thälmannplatz, unweit der Universität, war die Militäradministration, später das Haus der Partei. Gegenüber an der Ecke befand sich auch das Magazin.

HANS-DIETER SCHÜTT: Mußten Sie die Kleidung bezahlen?

MORITZ MEBEL: Ja. Soweit ich mich erinnere, war das aber nicht viel.

HANS-DIETER SCHÜTT: Wann sahen Sie Moskau wieder?

MORITZ MEBEL: 1946 hatte ich meinen ersten Urlaub von der Armee bekommen, fast einen Monat lang durfte ich in Moskau bleiben. Das erste Mal seit fünf Jahren sah ich unser Zuhause, die ganze Familie wieder. Alle waren furchtbar abgehärmt. Der Krieg. Während dieses Urlaubs ging ich zu einem guten Bekannten, er war Chefurologe in der Sowjetarmee, im Rang eines Obersts. Ich wollte schnellstmöglich weiterstudieren. Er versuchte, über seine Kanäle etwas zu erreichen für mich. Gleichzeitig stellte ich ein Gesuch in der Armee. Man war verständlicherweise nicht gerade begeistert, ich war Gardeoberleutnant, dann Hauptmann geworden. Im Februar 1947 dann aber endlich die ersehnte Order: Demobilisierung zwecks Fortsetzung des Studiums!

HANS-DIETER SCHÜTT: Sie haben bereits davon erzählt, nach Ihrem Studium wurden Sie Chefarzt eines Kreiskrankenhauses in Estland. Ein Haus mit 35 Betten – das war Ihrem Ehrgeiz eines Tages zu klein?

MORITZ MEBEL: Das stimmt nicht. Ich wußte halt nur, daß ein guter Arzt ein enormes Wissen haben muß. Ich wollte mich weiterbilden, wollte wissenschaftlich arbeiten. Ohne fachbezogene Fortbildung war das in Estland nicht möglich. 1954 kam ich deshalb zurück nach Moskau, ins Zentralinstitut für ärztliche Fortbildung. Als ich mich 1953 dort bewarb, für die Aspirantur, wurde ich abgelehnt, mit der recht fadenscheinigen Begründung: Drei Jahre Kreiskrankenhaus reichten nicht als Facharzt-Bestätigung. Daraufhin beschwerte ich mich bei der Allgemeinen Abteilung des ZK der KPdSU. Diese Beschwerde wurde an das Ministerium für Gesundheitswesen weitergereicht. Dort, in der zuständigen Abteilung, kam der Vorgang zufällig und glücklicherweise in die Hände von Mlintschik, er war ein Kommilitone von mir gewesen. Obwohl alle Prüfungen bereits gelaufen waren, wurde ich zu einer speziellen Aufnahmeprüfung für die Aspirantur zugelassen. Ich freute mich, auch wenn mir diese individuelle »Behandlung« überhaupt nicht paßte. Denn bei so einer Ausnahme wird gewöhnlich schärfer geprüft als sonst. Dran kamen Marxismus-Leninismus, Deutsch und Urologie, mündlich und schriftlich. Aber alles lief wunderbar.

HANS-DIETER SCHÜTT: Im Jahre 1957 stellten Sie einen Antrag, nach Deutschland zurückzukehren.

MORITZ MEBEL: Ja. Auch meine Tante Marie und meine Schwester Susi stellten einen solchen Antrag. Mein Vater und mein Onkel waren schon gestorben. Es gab Dringlichkeitslisten, und alle Anträge gingen über das Rote Kreuz Moskau. Zunächst wurde mein Antrag abgelehnt, denn ich war noch immer Offizier der Reserve. Nun gab es aber eine Vereinbarung mit der sowjetischen Regierung, diejenigen, die in Deutschland geboren worden waren, auch dorthin wieder zurückzuführen. Ich ging in die Botschaft der DDR, ins Konsulat, und dort ermutigte man mich, erneut einen Antrag zu stellen.

HANS-DIETER SCHÜTT: Lebt Ihre Schwester Susi noch?

MORITZ MEBEL: Nein, die liebe Susi verstarb 1988, hier in Berlin.

HANS-DIETER SCHÜTT: Nahm man Ihnen in Moskau übel, daß Sie die Sowjetunion verlassen wollten?

MORITZ MEBEL: Mir hat keiner übelgenommen, daß ich ging. Aber ich fühlte mich plötzlich nicht sehr wohl in meiner Haut. Es war ja doch ein Abschied von einem großen, entscheidenden Stück Leben, von meiner zweiten Heimat. 1957 war meine gute Bekannte Sonja mit ihrem Vater in die DDR, nach Berlin, zurückgekehrt. Ein Jahr später kam sie nach Moskau zu Besuch. Sie arbeitete inzwischen in einem Institut in Berlin. Wir beschlossen zu heiraten. Sollte man mir die Ausreise erneut nicht genehmigen, so war Sonja bereit, wieder in die Sowjetunion zurückzukommen. Nach Abschluß der Aspirantur sollte ich Dozent für Urologie im Medizinischen Institut in Chabarowsk werden. Wir haben am 7. Juli in Moskau geheiratet – am nächsten Tag lag die schriftliche Ausreisegenehmigung in meinem Briefkasten, auch die für Marie und Susi! Wir waren glücklich. Sonja mußte nach wenigen Tagen zurück in die DDR; wir begannen indes mit dem Packen. Wir sammelten unser Hab und Gut, verstauten es in einer großen Kiste und vier Koffern. Die Ausreiseformalitäten waren erledigt. Abschied von den Freunden. Es war nicht leicht, aber in Berlin wartete Sonja ... In Brest mußten wir umsteigen. Zollkontrolle. Aber kein Mensch sagte mir, daß auch die Kiste im Gepäckwagen kontrolliert werden müßte. 20 Minuten vor Abfahrt des Zuges wurde ich gefragt, ob ich meine Kiste hätte kontrollieren lassen. Nein. »Entweder bleibt einer von Ihnen hier oder das Gepäck.« Wir entschieden uns für die Kiste – und fuhren weiter. Bei allem Chaos der damaligen Zeit: Die Kiste wurde mir nachgeschickt. Wir kamen an in Frankfurt/Oder. Es hieß, wir müßten aussteigen. Wir weigerten uns, zum Glück so stur und erfolgreich, daß der zuständige Offizier in unsere Weiterfahrt einwilligte. Sonst wären wir in einem Lager für Repatriierte gelandet. Am Ostbahnhof erwarteten uns Sonja und Genosse Kaden von der Kaderabteilung des ZK. Zunächst wohnten die Tante und Susi in der Ostseestraße, da gab es ein kleines Hotel, später bekamen sie eine sehr schöne Wohnung in der Andreasstraße. Ich hatte ja meine Unterkunft: Sonja bewohnte eine Zweizimmerwohnung in Hohenschönhausen.

HANS-DIETER SCHÜTT: Sie waren noch Mitglied der KPdSU.

MORITZ MEBEL: Diese Zeit wurde mir in der SED angerechnet, so daß ich kurioserweise seit 1943 SED-Mitglied bin.

HANS-DIETER SCHÜTT: Wie ging die SED auf Sie zu?

MORITZ MEBEL: Die Partei erwartete mich, und zwar mit dem gutgemeinten Vorschlag, ich solle mich erst mal richtig ausruhen. Das wollte ich aber ganz und gar nicht. Ich bekam eine Assistentenstelle in der Chirurgischen Klinik der Charité.

HANS-DIETER SCHÜTT: Sie waren froh?

MORITZ MEBEL: Ja und Nein. Ich wurde in der Klinik sehr reserviert aufgenommen. Alles war fremd. Man hat ja schnell mitgekriegt, woher ich kam. In der Urologie waren alle drei Ärzte, außer einem, Westberliner. Die waren mir nicht sehr wohlgesonnen. Ich war Facharzt für Urologie, aber einem Nichtfacharzt aus Westberlin unterstellt. Damals sagte man: Die Macht des Arbeiter-und-Bauern-Staates höre vor den Toren der Charité auf. Meistens hatten gewesene Wehrmachtsärzte das Sagen. Bei den Nazis hatte es eine alte Bestimmung gegeben: daß die Ärzte in den Streitkräften nicht in der NSDAP sein durften. Das ist 1944 revidiert worden. Hochgestellte Militärärzte wie Divisionsärzte, Armeegeneralärzte, die waren unbelastet, als es an die Entnazifizierung ging. Der Direktor der chirurgischen Klinik der Charité war ehemaliger Generalsarzt einer Armee. Mein Vorgesetzter, Oberarzt Hagemann, war ein ehemaliger Divisionsarzt. Das Gros der Ärzte kannte sich, es waren Westberliner. Diese Ärzte dachten, ich, aus Moskau kommend, sollte den bisherigen Leiter der Urologischen Abteilung, im Verband der chirurgischen Klinik, ablösen. Natürlich erfuhr ich erst später von diesem Gerücht, man kann sich vorstellen, wie sehr Dr. Hagemann mir gewogen war. Da kommt ein Kommunist aus Rußland und will ihn verdrängen! Dabei stimmte es überhaupt nicht, niemand dachte an Ablösung. Hagemann war, wie ich bereits sagte, Divisionsarzt in der Wehrmacht, er hatte bei Leningrad gekämpft. Bei einem Kongreß in Leningrad, im kalten Winter 1961/62, standen wir gemeinsam auf dem Piskarjewskoer Friedhof. Ich war inzwischen in Friedrichshain, er noch in der Charité. Zwar wußte er, daß ich in der Roten Armee gekämpft hatte, aber nicht, daß ich im Rang eines Offiziers war. Sein Benehmen mir gegenüber wurde plötzlich freundlich, sozusagen standesgemäß ...

Ich war ziemlich unglücklich damals in der Charité. Fast täglich mußte ich Narkosen geben. Ständig dieses Äther-Einatmen, ich fühlte mich gedemütigt. Da stand ich nun da als Facharzt für Urologie und machte von morgens bis abends Narkosen! Nichts gegen Anästhesisten, aber ich hatte mich der Urologie verschrieben, und Spezialisten auf diesem Gebiet waren damals sehr rar. Es blieben nur die Abende für experimentelle Untersuchungen. Noch immer denke ich mit Dankbarkeit an die Operationsschwestern und an die leitende technische Assistentin der Röntgenabteilung, die mir in ihrer Freizeit behilflich waren, den Grundstein für meine Habilitationsarbeit zu legen. Die wenigen Genossen, die es zu jener Zeit an der Charité gab, unterstützten mich ebenfalls, aber sie waren noch in der Ausbildung und suchten selber nach Wegen im klinischen Arbeitsprozeß. Ich bekam die Erlaubnis von Prof. Felix, die Krankengeschichten der Klinik zu sichten und, für die Fachzeitschrift, eine Arbeit über Genitaltuberkulose zu schreiben. Als der Artikel fertig war, gab ich ihn Felix; er mußte die Veröffentlichung genehmigen. Sechs Wochen vergingen, ich bekam keine Antwort. Da platzte mir der Kragen. Ich ging ins Sekretariat des Professors. Seine Sekretärin: Er sei nicht zu sprechen. Ich blieb hartnäckig im Vorzimmer stehen. Rührte mich nicht von der Stelle, kündigte der Sekretärin an, auch zu bleiben, wenn sie Dienstschluß hätte. Nach einer halben Stunde gab sie auf, meldete mich an, ich durfte ins Chefkabinett. Die Arbeit wurde abgesegnet.

In der urologischen Ambulanz konnte ich Patienten behandeln. Aber bis Ende 1959 habe ich keine einzige Operation durchführen dürfen; nur mehrmals assistieren – das wurde gestattet. Das empfand ich als sehr hart. Man verlernt sein Handwerk, das Operieren! Im Hufeland-Krankenhaus, so hörte ich, würde eine urologische Abteilung aufgebaut, ich bat um Versetzung dorthin. Dr. Krebs, Chef der neuen Abteilung, nahm mich freundlich auf. Wir arbeiteten schwer, bis zu 15 Nachtdiensten im Monat, aber so machte es mir Spaß.

HANS-DIETER SCHÜTT: Herr Mebel, wer so lange in der Sowjetunion lebte wie Sie – wie hielt der das eigentlich mit dem Wodka?

MORITZ MEBEL: Wodka gehörte dazu, natürlich – und leider, muß man bis zu einem gewissen Grade sagen. Im Krieg jedenfalls, aber auch danach. Aber ich hörte von einer Minute zur anderen auf mit dieser gefährlichen »Spielerei«. Nach dem Krieg, als Offizier im Verwaltungsbezirk Halle-Merseburg, arbeitete ich ja, Sie wissen es, in der Kommandantur, in der Politischen Abteilung. In einer Kantine aßen wir immer zu Mittag. Das Essen begann mit Wodka, 150 Gramm. Ganz selbstverständlich wurde das Zeug runtergekippt. Eines Tages war aus irgendeinem Grund kein Wodka vorrätig. Wir aßen, aber es schmeckte uns nicht: Aha, Wodka fehlte. Die Gewohnheit machte sich bemerkbar. Das erschien mir als Alarmzeichen: erst den Krieg überstehen und nun Hals und Kragen versaufen? Nein, das wollte ich auf gar keinen Fall. Selbstverständlich wurde ich gehänselt. Doch ich blieb bei meinem Entschluß: Ich wollte mein Leben so vernünftig leben, wie ich mir das vorgestellt hatte. Mein Wunsch war, ein ordentlicher Arzt zu werden, und Gesundheit gehörte nunmal dazu. Also Schluß! Und das konsequent. Klar trinke ich auch heute noch, bei feierlichen Anlässen, etwas Wodka. Aber trockener Wein ist mir lieber. Oder mal ein Schluck Metaxa.

HANS-DIETER SCHÜTT: Rauchten Sie jemals?

MORITZ MEBEL: Im Krieg versuchte ich es mit Selbstgedrehten. Aber die Technik beherrschte ich nie richtig. Geraucht wurde auch, weil es im Winter, etwa 1941/42, eisig kalt war. Nach dem Krieg habe ich mit dem Rauchen aufgehört – als ich merkte, es schmeckt mir. Ich wurde absoluter Gelegenheitsraucher, wenn man das bei zwei, drei Zigaretten im Monat so sagen darf.

HANS-DIETER SCHÜTT: Wurde im Krieg viel getrunken?

MORITZ MEBEL: Und wie! Hauptsache, man hatte irgendwas. Alles mögliche Zeug. Zum Beispiel Schnaps aus roten Rüben! In der Mongolei haben einige sogar penetrantes Eau de Cologne gesoffen! Ich nicht.

HANS-DIETER SCHÜTT: Wurden Sie in der Sowjetunion je als Jude beschimpft?

MORITZ MEBEL: Als Kind? Nie. Als Deutschen hänselten mich die Kinder. Weil sich unsereins in Moskau rein äußerlich schon von den sowjetischen Kindern unterschied. Zum Beispiel durch das Tragen von Knickerbocker-Hosen: »Nemez, perez, kolbassa, kislaja kapusta – Deutscher, Pfeffer, Wurst und Sauerkraut, hat einen Hering ohne Schwanz gegessen und gesagt: Das schmeckt sehr gut.« Auch geschlagen wurde ich mal. Wie das so ist zwischen Jungen in einem bestimmten Alter. Nein, ich kannte bis 1940 keinen Antisemitismus. Allerdings dann, bei der erwähnten Berufsentscheidung, ob ich Arzt oder Diplomat werden sollte, da wußte ich schon, daß der »fünfte Punkt« eine Rolle spielte.

HANS-DIETER SCHÜTT: Der fünfte Punkt?

MORITZ MEBEL: Ja. Die Eintragung im Paß unter dem Punkt 5, der Nationalität: »Jude«. Lassen Sie mich an dieser Stelle aber sagen, daß ich in der DDR niemals Antisemitismus gespürt habe. Erst nach dem 9. November 1989 erhielt ich einige Anrufe, bei denen ich als »Judenschwein« beschimpft wurde. So unvermittelt kann einen die Vergangenheit einholen.

HANS-DIETER SCHÜTT: Die Sowjetunion war eine Nationalitäten-Republik. Was ist dran am Vorwurf des russischen Nationalismus in der Armee?

MORITZ MEBEL: Am Sieg über den Faschismus waren alle Nationalitäten des Landes beteiligt, nicht nur die Russen. Aber es ist wahr: Später wurde die Rolle der anderen Nationalitäten heruntergespielt. Obwohl unter den »Helden der Sowjetunion« die Juden an 3. Stelle standen, nach den Russen und Ukrainern, und viele Zehntausende von ihnen gefallen sind, wurde in Umlauf gebracht, sie seien nie an der Front gewesen. Aber freilich stimmt auch, daß die Russen den höchsten Blutzoll gezahlt haben.

HANS-DIETER SCHÜTT: Was, Professor Mebel, ist an Ihnen deutsch, was russisch?

MORITZ MEBEL: Ich habe mir beizeiten abgewöhnt, Menschen nach ihrer Nationalität zu beurteilen. Ich sagte ja: Die Karl-Liebknecht-Schule erzog uns zu einem ausgeprägten internationalistischen Denken. Was ist an mir russisch, was deutsch? Deutsch ist vielleicht die preußische Ordnungsliebe. Ja, ich war immer äußerst ordentlich. Schon als Kind. Es war ein Feiertag für mich, als ich meine erste lange Hose in Moskau bekam, und ich achtete ganz streng auf die Bügelfalte. Ein Feiertag auch deshalb, weil nun die Hänseleien aufhörten, die ich bislang über mich ergehen lassen mußte, wenn ich mit kurzen Hosen auftauchte. Endlich kriegte ich irgendwann den ersten Anzug. Auch im Krieg versuchte ich immer, ordentlich zu sein. So oft ich nur Schuhcreme in die Hände bekam, wurden die Schuhe gewienert. Pingelig, richtig pingelig! Ja, und was soll an mir russisch sein? Vielleicht eine bestimmte Art von Großherzigkeit, das Solidargefühl, das Teilen um jeden Preis, und wenn es den letzten Rubel kostete. In der chirurgischen Klinik, in der Charité, blieb mir in der Kantine fast jedesmal der Bissen im Hals stekken, wenn ich sah, daß ein Kollege für fünf Pfennig bei einem anderen eine Zigarette kaufte. Und der andere nahm das Geld auch noch! Das wäre in der Sowjetunion unmöglich! Was ist noch russisch an mir? Ich kann mich mit wenigem begnügen. Aber ich glaube schon: Geblieben ist mir aus meinem Leben in der Sowjetunion vor allem, daß ich überhaupt kein Verhältnis zum Geld habe. Darf ich noch mal zurückblenden? Als Kämpfer in der Sowjetarmee bekam ich 250, 260 Rubel, als Offizier dann weit mehr, etwa 1 800 bis 2 000 Rubel. Nach dem Krieg, wieder Student, erhielt ich Stipendium – 380 Rubel. Das bedeutete eine ziemliche Umstellung für mich. Wenn es Stipendium gab, gingen wir in ein vornehmes Restaurant, haben gegessen, Wodka getrunken. Das Geld war fast am ersten Tag wieder weg. Aber wir haben uns immer nett unterhalten, waren fröhlich und glücklich.

HANS-DIETER SCHÜTT: Sie mußten ja nach dem Krieg, nach der Rückkehr in die Sowjetunion, alles aufgeben, was Sie in Halle-Merseburg hatten.

MORITZ MEBEL: Da hatte ich nicht viel mitzunehmen, hauptsächlich Kleidung. Das Auto habe ich an einen Freund verkauft. Aber es stimmt: Das ist gar nicht so einfach, aus einem für die damalige Zeit gesicherten Wohlstand in der Militäradministration zurück in dieses ganz andere Leben. Zum Glück gab es für Studenten Arbeiter-Lebensmittelkarten, denn ein Laib Brot kostete auf dem Markt über 100 Rubel. Außerdem verdiente ich mir mit Übersetzungen Geld. Die Übersetzungsarbeiten in einem Nachrichtenbüro wurden gut bezahlt. Nach dem Studium im Institut ging ich hin und guckte in mein Regal – lag ein roter Streifen über einem der Texte, die dort für mich hinterlegt waren, so mußte der bis zum anderen Morgen übersetzt sein. Die Themen gingen bunt durcheinander: Politik, Technik, Rezensionen. Das war hart, aber wie gesagt, es lohnte sich. Das schwierigste jedoch: Als Mann, der immerhin einen Krieg hinter sich hatte, mußte ich wieder mit sehr jungen Leuten auf einer Schulbank sitzen. Das Institut befand sich an dem gleichen Platz wie vor dem Krieg. Ich war ein Erwachsener – und doch ein Anfänger und wurde anfangs mißtrauisch beäugt. Man schaute sehr genau hin, wie wichtig mir meine Orden und Verwundungen sind. Wann würde ich meinen ersten Fehler machen? Daß ich diese Situation gemeistert habe, vielleicht war das die Leistung, auf die ich am meisten stolz sein kann. Ich ließ mich nicht beirren, ich studierte, ich half anderen beim Deutschunterricht, und langsam fing das Eis an zu tauen. Nach einiger Zeit gehörte ich dazu. Ein schönes Gefühl.

HANS-DIETER SCHÜTT: Dachten Sie, als Sie in der Sowjetunion lebten, in russischer oder in deutscher Sprache?

MORITZ MEBEL: Wenn ich russisch sprach, dachte ich russisch, wenn ich deutsch sprach, dann halt deutsch.

HANS-DIETER SCHÜTT: Welches Gehalt bekamen Sie, als Sie in der DDR zu arbeiten begannen?

MORITZ MEBEL: In der Charité verdiente ich zunächst 1 000 Mark, Sonja 1 300. Als Chefarzt in Friedrichshein bekam ich 1 200, Sonja hatte noch Infektionszulage. Wir mußten uns in der DDR neu einrichten, aber wir lebten sparsam.

HANS-DIETER SCHÜTT: Gab es später Wiederbegegnungen mit Kriegsgefährten, mit Freunden aus der Zeit in der Sowjetunion?

MORITZ MEBEL: Unmittelbar nach dem Krieg, während des Studiums, wenn ich mit ehemaligen Kämpfern zusammenkam, unterhielten wir uns nur über spaßige Begebenheiten aus den Kriegsjahren. Mein Vater und mein Onkel mußten, wenn sie zuhörten, tatsächlich denken, der Krieg sei ein Zuckerschlecken für uns gewesen. Vielleicht liegt es in der Natur des Menschen: Die einen verharren in den schweren und bitteren Erfahrungen, die anderen verdrängen diese und erinnern sich ans Kameradschaftserlebnis. Ich komme mehr und mehr zu der Einsicht: Es geht nicht, etwas wirklich objektiv zu schildern; jeder hat immer nur seine Wahrheit ... Auch zu DDR-Zeiten fanden einige Treffen ehemaliger Studenten meines Abschlußjahres im Institut in Moskau statt. Der Kreis wurde aber immer kleiner. Viele waren verstorben, andere erzählten nur noch, was ihnen wehtut. Solcherlei Jammern behagt mir nicht. Anfang 1989 war ich das letzte Mal in Moskau. Es war damals schon schlimm, aufgrund der schlechten wirtschaftlichen Situation. Seither wollte ich nicht mehr hin, ich will meine guten Erinnerungen bewahren. Ach, aber trotzdem werde ich wieder hinfahren! Es zieht mich hin. Freunde, die Gräber der Eltern und Verwandten. Alles ist gar nicht so einfach ...

HANS-DIETER SCHÜTT: Professor Mebel, die Gegenwart: Sie sind PDS-Mitglied. Wie denken Sie als Kommunist über Regierungsbeteiligungen Ihrer oppositionellen Partei?

MORITZ MEBEL: Wenn ein PDS-Mitglied, etwa als Kommunalpolitiker, sozialen Abbau mit beschließen muß, bin ich fürs Zurücktreten. Ich weiß allerdings, das ist ein kompliziertes Feld. Das heißt aber, nicht jeden Kompromiß mitzumachen, der sich Realpolitik nennt. Ich verstehe andererseits erst heute so richtig, welchen Wert bürgerliche Rechte haben – wenn sie wirklich realisiert und nicht kontinuierlich ausgehöhlt werden. In vieler Beziehung hatten wir ja mit den Menschenrechten in der DDR unsere großen Schwierigkeiten. Dafür gibt es keine Rechtfertigung, denn immerhin waren wir angetreten, eine bessere Gesellschaft zu errichten.

HANS-DIETER SCHÜTT: Hat der Marxismus also versagt.

MORITZ MEBEL: Das Kommunistische Manifest war doch nicht Marx' letztes Wort. Er wollte seine Entdeckungen und Lehren immer als Richtschnur verstanden wissen, nie als Dogma. Wir dagegen haben aus dem dialektischen und historischen Materialismus ein Regelwerk gemacht – ihn pervertiert. Wir haben doch die Widersprüche »beseitigt«, erst die Antagonismen, dann alle. Wir haben den rationellen Kern – die Verwirklichung der Freiheit des Individuums als Bedingung für die gesellschaftliche Freiheit aller und umgekehrt – beseitigt. Dafür aber die führende Rolle der Partei erfunden. Die werden Sie bei Marx vergeblich suchen. Lenin hat die Kaderpartei unter ganz bestimmten historischen Bedingungen geschaffen. Es gibt selbst bei ihm Bemerkungen, daß er diese für ein Übergangskonstrukt hielt, daß man schnellstmöglich eine sehr demokratische, weltoffene Partei schaffen müsse. Eine wirkliche Partei des Volkes.

HANS-DIETER SCHÜTT: Was verzeihen Sie der SED nicht?

MORITZ MEBEL: Im Klartext heißt das doch auch: Was verzeihe ich mir selber nicht? Mit zwei Maßnahmen der DDR bin ich bis zum heutigen Tage absolut nicht klargekommen – mit der Ausbürgerung, einer Praxis der Nazis, und dem Freikauf. Als ich das erste Mal von diesem »Freikauf« hörte, habe ich es nicht glauben wollen. Leider stimmte es aber. Und ich habe geschwiegen! Schlimm auch, daß die Gewaltenteilung bei uns praktisch beseitigt wurde, die Partei hat den Staatsapparat dubliert. Ging es gut, war es ein Verdienst der Partei, ging es schief, lag es am mangelhaften Staatsapparat. In der Wirtschaft, in der Wissenschaft, in den Institutionen gab es sehr kompetente, fähige Parteifunktionäre, aber zu viele mit einem gehörigen Maß an Selbstzufriedenheit. Leute, die nur das große Wort im Munde führten. Die Partei hat immer recht! – diese undialektische Parole wurde uns mit zum Verhängnis.

HANS-DIETER SCHÜTT: Heiner Müller sagte: Wie sollte die kommunistische Partei die Faust ballen, wenn sie überall die Finger drin hat?

MORITZ MEBEL: Natürlich dürfen wir bei aller Selbstkritik nicht so tun, als könnten die zersetzenden Prozesse in der DDR und im ganzen sozialistischen Lager einzig und allein nur aus dem Innern der staatlichen Strukturen heraus erklärt werden. Die DDR existierte nicht im luftleeren Raum. Unsere »Brüder und Schwestern« waren uns nun wirklich nicht nur wohlgesonnen. Es war im zehnten Stock im Hotel »Stadt Berlin«, als man mich – auf eine zugegeben sehr vornehme Art und Weise – abwerben wollte. »Sie sind ein so gebildeter Mensch, Sie könnten doch bei uns ...« Damals war ich Oberarzt.

HANS-DIETER SCHÜTT: Es gibt den Satz, nach dem jedes Volk die Regierung hat, die es verdient. Hatte die SED den Generalsekretär, den sie verdiente?

MORITZ MEBEL: Im Prinzip ja. Sehen Sie: Ich habe etliche Politiker erlebt und sie immer auch mit den Augen des Arztes gesehen. Viele haben zum Beispiel auf Ulbricht herumgehackt. Der Mann war zwar Autodidakt, aber er hat verstanden, daß die Wirtschaft in einer Gesellschaft die Basis ist, die Politik lediglich der Überbau. Er hat sich hineingekniet in ein Gebiet, das man heute ganz selbstverständlich Management nennt. Man hat ihm Technokratie vorgeworfen, aber das Neue Ökonomische System der Planung und Leitung war ein Versuch zu moderner Wirtschaftlichkeit; es war auch ein Versuch, sich von sowjetischer Bevormundung freizumachen. Leider wurde Ulbricht mit zunehmenden Alter immer starrsinniger. Genossinnen und Genossen, die ihn näher kannten, glaubten mich lange Zeit vom Gegenteil überzeugen zu können: »Guck mal, der versteht noch alles, der steht früh um 6 Uhr auf, macht Frühgymnastik oder schwimmt, pünktlich um acht ist er im Staatsrat.« Stereotype, mit den Jahren herausgebildet, nichts weiter! Immer trug die Hierarchie, die Gläubigkeit den Sieg über die Vernunft davon. Was gut begann, endete bei jedem Generalsekretär in der Verknöcherung – und dem so verflucht disziplinierten Schweigen derer, die es besser wußten. Im Zentralkomitee saßen doch nicht nur Nichtskönner. Generaldirektoren wie Biermann oder andere haben doch gewußt, was Sache ist – und wir haben ganz freimütig darüber gesprochen. Aber wir haben nur intern debattiert. Ich habe ihnen gesagt, daß doch sie die Wirtschaftskapitäne seien, daß ich ja schließlich auch nicht zu ihnen käme, mit medizinischen Problemen. Das war ebenfalls so eine Form des unmerklichen Zurückweichens. Wir waren selber schuld, daß der lebensnotwendige demokratische Mechanismus nicht funktionierte. Aber vergessen Sie bitte eins nicht – es gab auch den »großen Bruder«. Er hat zweifelsfrei große Verdienste. Dazu rechne ich vor allem den Kampf gegen den Faschismus und die Unterstützung für den Zusammenbruch des Kolonialsystems. Doch die Sowjetunion – es wäre richtiger und gerechter, zu sagen: ihre Führung – hat es auch fertiggebracht, die Ideale des Kommunismus zu pervertieren und viele zu zwingen, dabei mitzumachen.

HANS-DIETER SCHÜTT: Professor Mebel, nach unseren langen Gesprächen ein letztes Wort zu einem Begriff, der in den jüngsten Jahren alles Erinnern besetzt: Vergangenheitsbewältigung. Den einen ist das komplizierte Selbstaufgabe geworden, anderen dient der Begriff als ideologische Keule, mit der etwas apodiktisch ans logische, übersichtliche, klar benennbare Wertungsende gebracht werden soll. Sagen Sie bitte etwas zur ominösen Vergangenheitsbewältigung. Wie gesagt: nach langen Gesprächen, die wesentlich mit Erinnerung zu tun hatten, mit Vergangenheit.

MORITZ MEBEL: Bei aller Kritik: Die DDR bleibt mit dem verbunden, worauf ich stolz bin. Ich bereue nichts, was ich im Leben getan habe. Ich sehe keinen Grund, aus meiner Biographie auszusteigen. Beim Rückblick muß man leider sagen: Wir haben überall Feinde gesucht. Und sie leider auch dort gefunden, wo gar keine waren. Man mag mir Naivität vorwerfen – aber ich habe nichts von dieser flächendeckenden Überwachung gewußt. Mal ganz abgesehen davon, daß heute die Sinnlosigkeit dieses ausgeuferten Apparates unbestritten ist. Ich würde allerdings auch ganz gern einmal die Dossiers des Verfassungsschutzes und Bundesnachrichtendienstes einsehen. Also: Heute, mit Abstand, kann ich ganz anders kritisieren als vor zehn Jahren. Und zum anderen denke ich, daß Macht und Korrumpierbarkeit einen Zusammenhang bilden, der gesellschaftsübergreifend ist. Das ist eine Erkenntnis, die ich am bittersten finde. Aber noch einmal: Ich wehre mich gegen Erinnerungen, die im nachhinein mit besserem Wissen angehäuft werden – und dann wird verwundert gefragt, wieso man nicht schon damals ... Wieso nicht? Weil jede Lebenssituation aus unendlich vielen Faktoren besteht, die auf das Denken und Handeln einwirken. Man kann mit seinem Leben haargenau auf einer historischen Tendenz liegen, aber es ist auch Leben möglich, das gänzlich diametral dazu verläuft. Ich blicke auf mein Leben zurück und sage: Ich bin meinen Überzeugungen treu geblieben. Aber natürlich hat sich vor den Hintergrund vieler Tatsachen mein Politikverständnis verändert. Meine Einschätzung des Nichtangriffspaktes und des Freundschaftsvertrages zwischen Hitlerdeutschland und der Sowjetunion zum Beispiel wäre eine ganz andere gewesen, wenn ich damals gewußt hätte, daß es ein Geheimpapier über – vereinfacht gesagt – die Aufteilung der Welt zwischen Berlin und Moskau gegeben hat. Oder nehmen Sie die Überwindung der Spaltung der deutschen Arbeiterklasse – das haben doch nach dem Krieg sehr viele Menschen als zwingende Notwendigkeit gesehen. Jetzt höre ich ständig etwas von Zwangsvereinigung! Ich habe den Druck einer Zwangsvereinigung nie gespürt, jedenfalls nicht im Regierungsbezirk Halle-Merseburg, wo ich damals tätig war. Für mehr kann ich nicht sprechen. Man hat 700 000 SPD-Mitglieder und 600 000 Kommunisten zur Vereinigung gezwungen? Wenn´s einem nicht paßte, haute man damals ab mit der S-Bahn! Was heißt hier: gezwungen? Mich als Kommunist für die Art der Vereinigung damals entschuldigen? Da sehe ich keine Veranlassung, wenn ich von meinen Erfahrungen ausgehe. Nein, man muß nicht über jeden Stock springen, den die Sozialdemokratie einem heute hinhält. Die SPD verlangt von mir, ich soll mich entschuldigen für das Unrecht, das wir den Sozialdemokraten angetan haben. Wo haben sie sich entschuldigt für das Unrecht, das Noske und die anderen Banditen Kommunisten und aufrichtigen bürgerlichen Demokraten angetan haben? Mit Entschuldigungen für geschichtliche Abläufe ist es eine sehr fragwürdige Sache. Das ist meistens mit alten und neuen einseitigen Beschuldigungen, mit Errichtung neuer ideologischer Barrieren verbunden. Ich glaube schon für mich, aus der Geschichte gelernt zu haben. Und ich halte eine politische Zusammenarbeit mit linken Sozialdemokraten und linksgerichteten bürgerlichen Kräften für dringend nötig – mit all denen, die gegen den Einsatz deutscher Soldaten, unter welchen Vorzeichen auch immer, außerhalb der Bundesrepublik sind, die gegen die ungezügelte Herrschaft des Kapitals, gegen Rassismus und Antisemitismus sind.

Noch ein Beispiel, das mir einfällt: Ich kam mit der Roten

Armee in die Tschechoslowakei, ich weiß, was die Sudetendeutschen litten. Aber die Mehrheit dort hatte einst die Henlein-Partei gewollt, und sie hatten einst über ihre angebliche Befreiung durch die Nazis gejubelt. Jetzt stellen sie Opfer-Ansprüche, und den Jubel damals will niemand gehört, geschweige denn inszeniert haben.

Es gibt unzählige Wahrheiten eines Lebens, und der Richtspruch der Geschichte muß mit Bewertungen des persönlichen Lebens nicht übereinstimmen. Vergangenheit kann man nicht bewältigen, man kann sie höchstens analysieren – und versuchen, zu verstehen, unter Berücksichtigung damals herrschender politischer Konstellationen im eigenen Land und in der Welt. Retrospektive Einschätzungen müssen sich vor Besserwisserei hüten. Freilich auch vor Verwässerungen unliebsamer Wahrheiten, die inzwischen ans Tageslicht kamen.

HANS-DIETER SCHÜTT: Der Mensch kann von seiner Vernunft genau so getäuscht werden wie von seinem Glauben.

MORITZ MEBEL: Keine Gesellschaftsordnung sollte in dem Wahn leben, daß in ihre Fundamente keine Irrtümmer eingemauert seien. Doch wenn Vernunft nicht siegt, geht die Menschheit unter – sie stirbt eines biologischen Todes. Angesichts der globalen Erfahrungen wehre ich mich gegen die Verabsolutierung des kapitalistischen Systems. Genau so, wie ich mich inzwischen gegen die Verabsolutierung des Gedankens wehre, daß der Kommunismus die planbare Endphase der menschheitlichen Entwicklung sein soll. Das war offenbar ein großer Irrtum. Wo haben wir nur die Dialektik gelassen?!

HANS-DIETER SCHÜTT: 1992 schreiben Sie: »Hier zeigte sich deutlich auch mein eigener Opportunismus, denn mit unserer Wirtschaftspolitik und insbesondere mit der offiziellen DDR-Haltung gegenüber der Sowjetunion und dem Genossen Gorbatschow war ich nicht einverstanden. Im Plenum aber schwieg ich. War es Feigheit? Oft haben wir zu Hause, mit Sonja, im Kreise der Familie und mit Freunden, darüber gesprochen, ob ich nicht aufstehen sollte, gerade im Plenum des ZK.

Ich kannte doch die Probleme im Gesundheitswesen und in der Wissenschaftspolitik, ich wußte doch um die Stimmung der Mitarbeiter. Gemeinsam kamen wir immer wieder zu dem Schluß, daß die allgemeine Lage dieses Aufweichen der eigenen Reihen wohl nicht gestatte. Nur zu leicht habe ich mich, aus heutiger Sicht, vom Falschen überzeugen lassen. Die weltweiten Auseinandersetzungen beider Systeme immer vor Augen, wurde unbedingte, aber allgemeine Solidarität mit dem Grundprinzip wichtiger als konkrete Arbeit an konkreten Verhältnissen. Das betraf auch die Freundschaft zur Sowjetunion, dortige Mißstände und Fehlentscheidungen (Einmarsch in Afghanistan, Personenkult um die Generalsekretäre, Liebäugeln mit der BRD auf Kosten der DDR, Antisemitismus und russischer Nationalismus).«

MORITZ MEBEL: Es ist ja leider so, daß erst der größere Abstand mehr Klarheit bringt. Erinnern ist etwas, das nur in der Bewegung, als Prozeß verstanden werden kann. Zu jeder Zeit erinnert man sich anders und an anderes. Aber keine neue Wertung oder Erinnerung macht das vorhergehende Gedachte unwert. Jede Erinnerung hat recht, weil sie an unverwechselbare, bei jedem Menschen anders reflektierte Zeiten, Räume und Umstände gebunden ist. Es sei wiederholt: Ich habe keinen Grund, aus meiner Biographie auszusteigen; ich habe ehrlich gelebt, für meine Ideale gekämpft und vielen Menschen aufgrund meines Berufs helfen können. Lassen Sie mich unsere Gespräche mit einem Zitat von Benjamin Franklin beschließen: »Nichts schmerzt so sehr wie fehlgeschlagene Erwartungen, aber gewiß wird auch durch nichts ein zum Nachdenken fähiger Geist so lebhaft wie durch sie erweckt, die Natur der Dinge und seine eigene Handlungsweise zu erforschen – um die Quelle seiner vorigen Voraussetzungen zu entdecken und womöglich künftiger richtiger zu handeln.«

HANS-DIETER SCHÜTT: Falsch ist, Vergangenheit im nachhinein heutiger Logik unterwerfen zu wollen. Man muß sich dazu bekennen, daß jede Erinnerung Wahrheit wie auch Irrtum ist. Von solchen Irrtümern ausgenommen sind natürlich diejenigen, die immer auf der richtigen Seite stehen, begnadet mit der Fähigkeit, größeren lebensbestimmenden Irrtümern aus dem Wege zu gehen.

MORITZ MEBEL: Ich muß gestehen, zu ihnen gehöre ich nicht.

HANS-DIETER SCHÜTT: Leider? Oder zum Glück?

MORITZ MEBEL: Ich möchte für mich in Anspruch nehmen: Trotz alledem – zum Glück.

Fragebogen

Für welchen höheren Sinn lebt der Mensch?
Für die Verwirklichung der Ideale der Großen Französischen Revolution.

Was finden Sie liebenswert an diesem Jahrhundert?
Daß es zu Ende geht.

Sie stehen einer Weltregierung vor: Was würden Sie sofort abschaffen?
Die Ausbeutung des Menschen durch den Menschen. Waffen jeglicher Art.

Was ist links?
Der Einsatz für ein menschenwürdiges Dasein aller auf dieser Erde.

Welches ist Ihr liebster Platz auf der Welt?
Gegenwärtig sehr schwer zu finden auf diesem Globus.

Mit welchen drei Begriffen charakterisieren Sie Deutschland?
Überheblich, Nabelschau, Goethe.

Was ist für Sie Heimat?
Das ist dort, wo meine Kinder und Freunde sind.

Welches ist das Ziel Ihrer Traumreise?
Die Antarktis.

Wovor haben Sie Angst?
Vor der Dummheit der Menschen.

Wann haben Sie zuletzt geweint?
In der Kindergedenkstätte in Yad Vashem, in Jerusalem.

Was trauen Sie der Menschheit nicht mehr zu?
Noch rechtzeitig mit der Vernichtung der Biosphäre aufzuhören.

Was empfinden Sie als Verrat?
Den Versuch, seine Haut auf Kosten anderer zu retten.

Welcher literarische Held steht Ihnen am nächsten? Warum?
Pierre Besuchow aus »Krieg und Frieden« von Leo Tolstoi. Er ist klug, barmherzig und tapfer.

Welches Kunstwerk haben Sie nie verstanden?
«Eklesiastische Aktion für zwei Sprachen und Orchester« von B. A. Zimmermann.

Wie beschreiben Sie Lebenskünstler?
Sie haben felsenfeste Prinzipien – die aber immer von der Großwetterlage abhängen.

Welche Kunst würden Sie gern beherrschen?
Die Malerei.

Worüber wundern Sie sich?
Über die Manipulierbarkeit der Menschen.

Was müßte unbedingt erfunden werden?
Ein Mittel gegen Krebs.

Was ist an Ihnen bewundernswert?
Daß ich nie aufgebe.

Apropos Wunder. Was ist ein wunder Punkt bei Ihnen?
Ich bin sentimental.

Welchen Zeitgenossen würden Sie für Verdienste um die Menschheit auszeichnen?
Albert Einstein.

Finden Sie Marx überholt?
Keineswegs.

Sind Sie für Geburtenkontrolle?
Unbedingt.

Mit welcher Persönlichkeit der Geschichte würden Sie gern in Briefwechsel treten?
Mit August Bebel und Georgi Plechanow.

ANHANG

Hans-Dieter Schütt

Wie schnell einem das Lachen vergeht

Ein Protokoll-Buch über das Ende der SED: bestes Dokumentartheater

»Jeder Rückzug schüttet noch einmal einen gewaltigen Stoß Leben aus, ein Gemisch aus Trotz, Angst und einer Gegenwehr, die freilich ihre Richtung verloren hat.« So der Schriftsteller Sinclair Lewis.

In diesem Sinne liest sich dieses Buch wie ein Krimi; eine Vorlage für bestes Dokumentartheater, am besten in Frank Castorfs Volksbühne. Das Große Haus, Beinhaus und Tollhaus in einem: Hans-Hermann Hertle und Gerd-Rüdiger Stephan gaben »Das Ende der SED – Die letzten Tage des Zentralkomitees« heraus, erschienen in der Reihe »Forschungen zur DDR-Gesellschaft« des Ch. Links Verlages Berlin. Zu lesen sind erstmals die vollständigen Protokolle der 9. bis 12. Tagung des ZK der SED zwischen 18. Oktober und 3. Dezember 1989, zwischen dem Rücktritt Erich Honeckers und jener Auflösung des Zentralkomitees, die zur Installation eines Arbeitsausschusses zur Weiterführung der zentralen Parteiarbeit führte. Den Dokumenten vorangestellt: ein übergreifende Zusammenhänge knüpfendes Vorwort von Peter Steinbach über »Deutsche Systemumbrüche im 20. Jahrhundert« und ein historischer Überblick der Herausgeber.

Wer diese Partei und jene DDR, die sie repräsentierte, nicht selber gelebt hat, der wird dieses Buch wie ein mulmendes Drama der Verstörtheiten, Verstocktheiten und Orientierungslosigkeiten lesen; der wird sich nicht das ungläubige und aufschrekkende Staunen verkneifen können, wie grotesk, unfreiwillig komisch und blind eine »führende Partei« in die Geschichte abstolperte.

Wer nun aber mit dieser Partei sein Leben verband, sich selber mit Einsicht und idealisch gespeister Erwartung in die herrschenden Strukturen begab? Der wird, auch mit dem Abstand der Jahre, wohl kaum weniger entsetzt und traurig sein, wie zubetoniert und verhuckt sich das höchste SED-Gremium aus der deutschen Arbeiterbewegung verabschiedete; mit einer Beschleunigungskraft, die in Deutschland eh' bloß die Zusammenbrüche aufbringen; nur bleibt halt dieses Ziehen in der Herzgegend, diese beschämende Erinnerung an eine lähmende Disziplin, die man mit Lebensgefühl verwechselte.

Aber alles beginnt mit einem Lachen. Noch im Juni 1989, auf der 8. ZK-Tagung, der letzten unter Honecker, begrüßt das höchste Organ der SED den Politbüro-Beschluß, Leipzig als den Austragungsort der Olympischen Spiele 2004 vorzuschlagen. Honecker liest, unter lautem Lachen der ZK-Mitglieder, einen RIAS-Kommentar vor: »Also geht doch zumindestens Erich Honecker davon aus, daß die DDR auch noch im Jahre 2004 existiert.«

Der Rest ist die kurze Geschichte, wie schnell einem das Lachen vergehen kann. Die ZK-Tagungen im Herbst dokumentieren die Unfähigkeit der SED, mit der neuen Situation im Lande fertigzuwerden – weil das Führungssyndrom der Partei Änderungen der Realität außerhalb des eigenen Herrschafts- und Kontrollanspruchs gar nicht mehr zur Kenntnis kommen läßt (noch am 10. November diskutiert man eine volle Stunde, ehe überhaupt das erste Wort über den nachts zuvor erfolgten Mauerfall und damit über eine zerstobene Grundlage des DDR-Sozialismus fällt). Unsere marxistische Hybris: Nur wo wir sind, ist vorn. Wir wurden beim Vornsein immer schneller. Bis alles in Ausflucht, dann in Flucht überging. Natürlich auch wieder nach vorn. Das Vorn hörte kurze Zeit auf den Namen Krenz.

Was ich las, ist selbsterlebte, weil auf andere höhere Versammlungsebenen übertragbare Science fiction: Individuen verschwinden in einem Haus wie in einer Verdunklungsanlage und verwandeln sich in ritualisierte Sitzgruppen. Das Plenum ein Schulungslager fürs Schweigen. Als jedoch Oktober- und Novemberwind hereinblasen, erfolgt ein mühsames, stöhnendes, schmerzendes Auftauen. Das Erwachen, das man das böse nennt. Als könne man die Titanic doch wieder flottkriegen. Man bräuchte freilich dazu ein neues Meer. Aber da ist nur ein Eimer, und in dem ist leider schon der ganze Sozialismus.

Manchmal in diesen Protokollen wirkt das Geschehen im Zentralkomitee wie eine müde, begriffslose Abwicklung der eigenen Existenz; manchmal aber wird das gesprengte Ritual, das sich nun wirklich in eine Diskussion verwandelt hat, zu einer Zerreißprobe zwischen Trauerspiel und Posse. Sinnlose Strapaze hier, seltsamer Gesang armer Seelen dort, mehr und mehr nervenzerfetzende Unruhe. Aber auch merklicher Wille, sich auf neue Weise zuständig zu fühlen, radikal zu ändern (Moritz Mebel laut: »Warum haben wir geschwiegen?«). Letztlich aber wächst nicht mehr zusammen, was zu lange schon auf traurige Weise zusammengehört. Manchmal scheint, es rasseln auf lächerliche Weise einige Ritterrüstungen.

Zu Beginn des Jahres 1990, wenn man nachts am ZK-Gebäude vorüberging, lag es da wie Rimbauds trunkenes Schiff. Als wolle es noch einmal auslaufen. Am liebsten natürlich ostwärts, aber da zeichnete sich schon überall Westen ab. Und was nützte der Traum von hoher See, da die geliebten neuen Ufer verschwunden waren. Die Havarie: längst kein Unfall mehr, sondern ein ewigkeitsbegieriger Zustand.

Nur wenige Zeit vorher, in just diesem Haus, hatte Generalsekretär Krenz, als die Tagesordnung nicht zu bändigen war, seinen Nachbarn am Präsidiumstisch zugeraunt: »Fürchterlich, fürchterlich.«

Dieses Buch ist auch ein grandioses Kompendium der Zwischenrufe – (»es ist im Moment schlimmer als im Mittelalter!«). Und als Hans Modrow im Plenum der letzten ZK-Tagung am 3. Dezember 1989 fragt: »Wer will denn mit uns in den Dialog, wenn wir gleich wieder die Wahrheiten verkünden?«, antwortet Heinz Keßler bockig: »Trotzdem haben wir die Wahrheit!«

Moritz Mebel

»Nicht wir haben eine Wende eingeleitet«

Auf der 9. Tagung des Zentralkomitees der SED, am 18. Oktober 1989, wurde Erich Honecker entmachtet. Der ehemalige Generalsekretär gab eine Erklärung ab, verließ den Saal, und Egon Krenz wurde zum neuen Generalsekretär gewählt. Einstimmig. Willi Stoph stellte den Vorschlag des Politbüros zur Abstimmung, Joachim Herrmann und Günter Mittag als Mitglieder des Politbüros und Sekretäre des ZK der SED abzuberufen. Moritz Mebel forderte per Zwischenruf, für die Abberufung einen Grund anzugeben. Gemeinsam mit Sport-Chef Manfred Ewald durchkreuzte er auch die Absicht, die Tagung mit der Wahl von Egon Krenz unverzüglich zu beenden. Mebel forderte eine offene und ehrliche Diskussion.

Die 12. Tagung des ZK der SED, am 3. Dezember 1989, bildete de facto die Auflösungsveranstaltung von Politbüro, Zentralkomitee und SED.

Moritz Mebel auf der 9. ZK-Tagung:

Liebe Genossinnen und Genossen!

Mein Antrag auf die schnellstmögliche Einberufung einer Parteikonferenz der SED, den ich auch vom Parteiaktiv der Humboldt-Universität und anderen Einrichtungen des Gesundheitswesens erhalten habe, wird, wie ich hoffe, vom Plenum heute noch bestätigt werden. Die Parteikonferenz behandelt dringende Fragen der Politik und Taktik der Partei und beschließt darüber – Punkt 47, Seite 40 des Statuts. Diese Dokumente müssen schnellstens, aber trotzdem wissenschaftlich fundiert ausgearbeitet und den Mitgliedern als Diskussionsgrundlage vorgelegt werden. Wir wollen und dürfen besonders in dieser komplizierten Lage nicht sozusagen nach hinten diskutieren. Nicht wir, die führende Kraft der Arbeiterklasse, der Genossenschaftsbauern, der Intelligenz in unserer DDR, sondern die großen Massen unseres Volkes, die nicht den Sozialismus ablehnen, sondern seine Deformationen, haben eine Wende eingeleitet. Und das müssen wir offen und ehrlich sagen.

Das Nachdenken über unsere bisherige Tätigkeit hat auf vielfältige Art und Weise begonnen. Nachdenken kann und darf aber nicht der alleinige Inhalt unserer Arbeit in allen Bereichen unserer Gesellschaft sein, denn Nachdenken, Analysieren sind nur mittelbar produktiv. Wenn wir daraus nicht die entscheidenden Signale und Impulse für ein Vordenken ableiten, das haben wir in den letzten Jahren versäumt, und dieses ist in den letzten Monaten eruptiv sichtbar geworden. Wir müssen wieder lernen, die Probleme offen und auch kontrovers zu diskutieren ohne Rücksicht auf Personen. Das impliziert ein kulturvolles Führen des Meinungsstreits, in dessen Ergebnis die beste Variante, getragen von der Majorität, dann bestätigt und ins Leben als einheitliche Meinung des Zentralkomitees unserer Partei umgesetzt wird – bei strengster und straffster Kontrolle. Wer den Anspruch auf Führung erhebt, wem sie übertragen wird, muß auch die volle Verantwortung wahrnehmen. Genossen, die diesen Anforderungen nicht genügen, müssen abgelöst werden. Auch in diesem Haus, im Haus des Zentralkomitees, gibt es führende Mitarbeiter, die als Kommunisten die notwendige Konsequenz ziehen sollten. Ich habe den Ausführungen von Egon Krenz aufmerksam zugehört; ob ich sie alle in ihrer ganzen Tragweite schon richtig erfaßt habe, wird sich zeigen müssen. Voll und ganz bin ich damit einverstanden, daß sich eine solche Situation wie die derzeitige nie, nie wiederholen darf. Die notwendigen im Statut verankerten Garantien müssen geschaffen werden. Jedoch eins kann ich, ehrlich gesagt, nicht verstehen: Wieso kann die wochenlange Sprachlosigkeit des damaligen Politbüros mit der Krankheit des damaligen Generalsekretärs, Genossen Erich Honecker, erklärt werden?

Wieso war es möglich, daß ein einziges Mitglied des Politbüros die Wirtschaftspolitik in unserem Land fast ausschließlich bestimmt hat, die, wie jetzt offensichtlich wird – und ich muß euch ehrlich sagen, ich bin zutiefst erschüttert, denn das habe ich niemals geahnt – weit, weit hinter dem proklamierten günstigen Stand zurückgeblieben ist. Ich habe das sehr, sehr vorsichtig formuliert. Am 28. März 1922 schrieb Wladimir Iljitsch Lenin, ich zitiere: »Alle revolutionären Parteien, die bisher zugrunde gegangen sind, gingen daran zugrunde, daß sie überheblich wurden und nicht zu sehen vermochten, worin ihre Kraft lag, daß sie sich scheuten, von ihren Schwächen zu sprechen. Wir aber werden nicht zugrunde gehen, weil wir uns nicht scheuen, von unseren Schwächen zu sprechen und es lernen werden, die Schwächen zu überwinden!« Ende des Zitats. Heute geht es nicht nur darum, unsere offensichtlichen Errungenschaften, die durch die harte fleißige Arbeit unseres Volkes in den vierzig Jahren DDR geschaffen wurden, zu preisen. Aber wir dürfen sie auch nicht vergessen, wie das einige Demagogen nur zu gern tun und haben möchten. Es geht darum, bereits erkannte Fehler, die schnell korrigiert werden können, Disproportionen im Produktionsablauf, Probleme in der Subventionspolitik, die unsere Bevölkerung geradezu auf die Barrikaden bringt, mit einem Wort: In der Wirtschaft, der ökonomischen Basis des Sozialismus durch ein realisierbares Sofortprogramm – ich komme darauf noch zu sprechen – zu beseitigen, gleichzeitig die entstandene Situation zu analysieren, und zwar wissenschaftlich fundiert. Genossen, wir haben doch wahrlich kompetente – so glaube ich und bin auch überzeugt – Wissenschaftler, die dafür gutes Geld bekommen, eine hochqualifizierte Arbeiterklasse und Genossenschaftsbauern, die auch mittelfristige und langfristige Konzeptionen erarbeiten können, um sie dem Volk zu einer Diskussion zu unterbreiten.

Bitte entschuldigt, das sind sicherlich dilettantische Vorstellungen eines Mediziners. Aber ich möchte noch einmal unterstreichen, ich fühle mich hier im Zentralkomitee nicht in erster Linie als Mediziner, sondern als ein gewählter Vertreter der Partei und verantworte die gesamte Arbeit dieses Plenums.

Kurzfristige Maßnahmen könnten darin bestehen, ein klares Bekenntnis zu formulieren zur Erneuerung des Sozialismus in der DDR unter unseren spezifischen nationalen Bedingungen im engen Bündnis mit der UdSSR; so, lieber Egon, wie du das ganz explizit hier in deinem Vortrag dargelegt hast. Und ich möchte, und ich sage das in Wissen und in Kenntnis der Sache, es gibt auch hier im Plenum einige Genossen, die diese Auffassung nicht unbedingt teilen, Schritte zu mehr Selbstbestimmung der Werktätigen über ihre Arbeitsbedingungen benennen, über die Organisation der Arbeitsabläufe entsprechend produktivitätswirksamer Interessen der Beteiligten, selbstverständlich Arbeiter, Meister, Direktoren einbezogen.

1. Effektive Produktionssteigerung unter Anwendung des Leistungsprinzips.

2. Leistungsprinzip auch für politische und staatliche Führungskräfte ohne jegliche Privilegien.

3. Eine grundlegend veränderte Medienpolitik, die ein realistisches Bild der Wirklichkeit gibt und allen auf dem Boden der Verfassung stehenden Gruppen, auch der Kirche, das Wort erteilt. Aber die Arbeiterschaft, die Arbeiterklasse darf dabei nicht vergessen werden.

4. Ein neues Wahlgesetz ohne detaillierte Ausarbeitung, unter Zulassung mehrerer Kandidaten.

5. Ich würde auch eine Koalition, den Vorschlag einer Koalitionsregierung unterbreiten. Und schließlich, ich glaube, insbesondere die Frauen, die hier anwesend sind, werden mir zustimmen –, aber auch die, die hier nicht anwesend sind –, Einstieg in eine Neuregelung der Subventionen. Und bitte, liebe Genossen Wirtschaftspolitiker, erzählt mir nicht, daß einige Maßnahmen nicht sofort getroffen werden können. Sie müssen getroffen werden, und sie können getroffen werden. Ich meine damit Mieten, Energie, Kinderbekleidung, Nahrungsmittel und so weiter, damit sie unserer Bevölkerung, die sie erarbeitet hat, zugute kommen.

Ohne eine breite demokratische Einbeziehung – das sind nur einige Gedanken – aller Schichten der Bevölkerung, der SED und der anderen demokratischen Blockparteien, der Gewerkschaften und weiteren gesellschaftlichen Organisationen, auch neu entstehender, funktioniert das nicht. Deshalb die Forderung nach der Veränderung bzw. neuen demokratischen Strukturen, damit die marxistische Maxime über die dialektischen Wechselwirkungen – auch das dürfen wir nicht vergessen, die Sowjetunion lehrt uns das auch –, die dialektischen Wechselwirkungen zwischen politischem Überbau und wirtschaftlicher Basis wirksam werden können, damit die Worte von Karl Marx – ich zitiere –: »Die Arbeit ist das lebendige gestaltende Feuer« – in der DDR zur erlebbaren Wirklichkeit werden.

Im Zentrum unserer gesamten Tätigkeit muß der Mensch, das Individuum mit all seinen Potenzen und den Möglichkeiten zu ihrer Entfaltung stehen. Dafür muß die sozialistische Gesellschaft die Grundlagen und die gesetzlichen Garantien schaffen. Ich stimme Genossen Michail Gorbatschow vollkommen zu, ich zitiere sinngemäß: Antisozialistische und kriminalistische Elemente seien die eine Seite, aber insgesamt könne man das Volk nicht als Feind betrachten. Wenn es sich gegen die Politik auflehne, müsse man überlegen, was an der Politik zu ändern sei, damit sie den Interessen des Volkes und dem Sozialismus entspricht.

Nur aus einem sachlich und hart geführten Meinungsstreit – ich sage noch einmal: für kleinliche Begleichung persönlicher Rechnungen haben wir wahrlich keine Zeit – kann die Einheit unserer Partei resultieren, kann das erschütterte Vertrauen der Partei, ja des ganzen Volkes in die Führung zurückgewonnen werden. Wir Kommunisten haben nur ein Privileg – ich unterstreiche das Wort Privileg –, mehr und immer verantwortungsvoll zu arbeiten in allen Bereichen unserer Gesellschaft. Wer anders gehandelt hat, muß sich vor der Partei, ja vor dem ganzen Volk der DDR zur Verantwortung ziehen lassen oder stellen.

Liebe Genossen, ich wäre aber doch nicht Arzt, wenn ich nicht wenigstens ein paar Worte zu den brennenden Problemen des Gesundheitswesens – erlaubt mir, ich habe genau elf Minuten gesprochen, wenn ich noch zwei Minuten erbitte – sagen würde. Schwer getroffen hat mich die Tatsache, daß nicht wenige Ärzte ihren beruflichen Eid gebrochen und ihre Patienten im Stich gelassen haben. Dafür gibt es keine Rechtfertigung, auch wenn ihnen mitunter soziale Ungerechtigkeiten widerfahren sind. Auch auf diesem Gebiet ist eine umfassende Analyse notwendig. Aber derzeit gilt es in erster Linie, die medizinische

Versorgung der Bevölkerung zu sichern. Wir hatten – zur Gesundheitskonferenz hat der Minister diese Zahl genannt –, wir hatten in der DDR einen Arzt auf 400 Einwohner. Das ist wahrlich Weltspitze. Wieviel werden davon aber unmittelbar in der Betreuung der Bevölkerung wirksam? Solowjew und Semaschko, hervorragende Persönlichkeiten der jungen Sowjetmacht, die auf dem Gebiet des Gesundheitsschutzes tätig waren, haben immer unterstrichen, daß neben der allgemeinen Zugänglichkeit und den unentgeltlichen Gesundheitsleistungen ein einheitliches sozialistisches Gesundheitswesen eine unschätzbare Errungenschaft der Oktoberrevolution darstellt. Wenn ich nicht irre, so haben auch manche Genossen hier bei uns in der DDR diese Ansicht vertreten. Doch wie sieht es in der Praxis aus? Wir haben das Ministerium für Gesundheitswesen, ein Teil der Gesundheitseinrichtungen untersteht dem Ministerium für Hoch- und Fachschulwesen, die Nationale Volksarmee, das Ministerium des Innern, das Ministerium für Staatssicherheit, das Ministerium für Verkehrswesen, der Sport und das Regierungskrankenhaus – alle befassen sich mit Leitung und Anleitung – also acht leitende staatliche Instanzen für das Gesundheitswesen in unserem kleinen Land!

Überall sitzen in leitenden Funktionen Ärzte, und es gibt auch Apparate, in denen Ärzte sitzen. Ob unsere Regierung nicht gerade hier ein verallgemeinerungswürdiges Beispiel schaffen könnte, wie der Apparat zu reduzieren und effektiver zu gestalten ist?

Ich will jetzt das nicht wiederholen. Es tut mir weh. Auf dem VIII. Parteitag, wo ich die Ehre hatte, als Kandidat gewählt zu werden und sprechen zu können, habe ich über die Bürokratie bei der Ausübung unserer ärztlichen Tätigkeit gesprochen und auch aufgeführt, wie viele, nicht nur Dutzende, Hunderte von Berichten und Papieren ein Arzt auszufüllen hat. Geändert hat sich nichts! Im Gegenteil, neue Instanzen wurden geschaffen, neue Formulare und Papiere sind hinzugekommen. Welche Zeitvergeudung mit unnützen Sitzungen und Beratungen!

Und zum Schluß: Natürlich kann ich heute nicht auf wissenschaftlich-politische Probleme in der Medizin eingehen. Aber eine Bemerkung sei mir gestattet, nur eine Bemerkung, wie deprimierend – das kenne ich auch aus eigener Erfahrung mit meinem Kollektiv – ist es für einen Wissenschaftler, für ein wissenschaftliches Kollektiv, den immer geforderten wissenschaftlichen Vorlauf geschaffen zu haben und dann mit ansehen zu müssen, daß er von unserer Industrie nicht realisiert wird, beziehungsweise ich räume ein, nicht realisiert werden kann. Wissenschaft ist in unserer Zeit zur Produktivkraft geworden. Dem müssen wir in vollem Umfang Rechnung tragen. – Ich bedanke mich ganz herzlich für eure große Geduld.

Aus der 9. Tagung des ZK der SED

18. Oktober 1989

WILLI STOPH (Versammlungsleiter): Einstimmig hat das Politbüro beschlossen, der 9. Tagung des Zentralkomitees der SED vorzuschlagen, die Genossen Joachim Herrmann und Günter Mittag von ihren Funktionen als Mitglied des Politbüros und Sekretär des Zentralkomitees der SED abzuberufen. Wir stimmen auch darüber ab. Wer für diesen Vorschlag ist, den bitte ich um das Handzeichen.

MORITZ MEBEL: Zur Geschäftsordnung!

WILLI STOPH: Bitte!

MORITZ MEBEL: Ich möchte wissen, warum das Politbüro den Genossen Herrmann und den Genossen Mittag abberuft. Ich möchte eine Erklärung des Politbüros haben.

WILLI STOPH: Ich hab' nicht richtig verstanden.

Zuruf: Er möchte eine Erklärung des Politbüros ...

MORITZ MEBEL: Ich möchte eine Erklärung des Politbüros haben, warum die beiden Genossen aus dem Politbüro abberufen werden. Was sind die Ursachen?

WILLI STOPH: Weil sie ihren Anforderungen nicht gerecht wurden, wie im Politbüro festgestellt wurde. Genügt das?

MORITZ MEBEL: Das genügt mir.

WILLI STOPH: Liebe Genossen! Wir kommen nun zur Bestätigung des Referats vom Genossen Egon Krenz. Wer für die Bestätigung des Referats vom Genossen Egon Krenz ist, bitte ich um Handzeichen.

Zuruf von MANFRED EWALD: Kann man zur Diskussion ein paar Worte sagen?

WILLI STOPH: Ja, wenn wir jetzt – einverstanden, daß wir bestätigen, so wie es vorgeschlagen ist?

Zurufe: Erst mal diskutieren lassen! Dann erst bestätigen! – Jetzt diskutieren!

Zuruf von MORITZ MEBEL: Wir sind für die Diskussion!

WILLI STOPH: Ich, ich möchte noch mal sagen: Wir unterbreiten den Vorschlag, die Rede vom Genossen Egon Krenz zur Bestätigung. Wer dafür ist, bitte ich um Handzeichen.

Zuruf von MANFRED EWALD: Genosse Stoph, das geht nicht. Vielleicht gibt es noch Hinweise, Bemerkungen zu der Rede, kritische und positive. Vielleicht können wir die erst machen. Die werden dann vielleicht verarbeitet. Dann bestätigen wir das Referat, und die Linie ist damit bestätigt. Aber wir möchten vielleicht noch etwas sagen zu diesem oder jenem Problem und das ergänzen, oder vielleicht gibt es auch andere Meinungen.

WILLLI STOPH: Ja, das weiß ich nicht, ob es noch andere Meinungen gibt. Das werden wir sehen. Also, ja bitte, Genosse Mebel!

MORITZ MEBEL: Ich möchte vorschlagen, daß wir erst diskutieren und dann das Referat unseres neuen Generalsekretärs bestätigen. Es hat keinen Zweck, erst etwas zu bestätigen, das man nachher ergänzt bzw. in Frage stellt. Das verlangt die demokratische Tagesordnung des Zentralkomitees unserer Partei.

WILLI STOPH: Also, Genossen, kommen wir zur Diskussion!

Welches sind Wortmeldungen? Bitte, Genosse Mebel, Genosse Ewald. (Unruhe)

MORITZ MEBEL: Liebe Genossinnen und Genossen! Tief ergriffen besteige ich diese Tribüne hier, und ich muß sagen, daß die heutige Tagung des Zentralkomitees für mich eine schwerwiegende Tagung ist. Ich bitte deshalb, wenn ich die Worte nicht so abgewogen wähle, zu entschuldigen.

Ich möchte unseren neuen Generalsekretär beglückwünschen und freue mich, daß er diese schwere Verantwortung, schwere Verantwortung, in dieser Situation auf sich genommen hat. Ich möchte gleichzeitig sagen: Ich bin sechsundvierzigeinhalb Jahre Mitglied dieser Partei, ich bin zwanzig Jahre Kandidat und Mitglied des Plenums des Zentralkomitees, und ich muß sagen, daß diese Arbeit mir viel Spaß gemacht hat. Aber ich muß auch sagen: Ich trage die volle Verantwortung für das, was in diesem Land Positives, aber auch Negatives geschehen ist. (Beifall)

Wir dürfen nicht zulassen, und ich möchte mich dagegen wenden – ich glaube auch gar nicht, daß das hier im Kreis der Mitglieder des Zentralkomitees der Fall ist –, daß wir hier unterscheiden wollen: Da das Politbüro, da das Plenum des Zentralkomitees.

Zuruf: Sehr richtig!

Wir sind Mitglieder unseres Zentralkomitees und tragen die Entscheidung unseres Politbüros. Aber, aber, Genossen, wir bitten und fordern, daß entsprechend den Statuten unserer Partei das Plenum des Zentralkomitees nicht nur ein Abstimmungsklub wird – entschuldigt, daß ich das sage – (Beifall) –, sondern daß wir offen und ehrlich miteinander diskutieren. Warum können wir das dann nicht? Wir alle würden Tropfen um Tropfen Blut für diese Sache hergeben, wenn es notwendig ist. Ich hoffe, daß es niemals dazu kommen wird. Ich glaube, daß viele, die hier sitzen, mit ihrem Leben es bewiesen haben, daß sie bereit sind, dafür zu kämpfen und ihr Leben einzusetzen. Aber ich muß auch sagen, und das stimmt mich traurig, liebe Genossen des Politbüros: Wir haben heute hier schwere, menschlich schwere, politisch schwere, persönlich schwere Konsequenzen – bei aller Anerkennung der großen Verdienste unseres gewesenen Generalsekretärs der Partei – ziehen müssen.

Ich frage mich aber: Hat sich das Politbüro, haben wir uns gemeinsam rechtzeitig Gedanken darüber gemacht, ob die Aktionen, die Optionen, die wir durchführen, immer die richtigen waren? Warum haben wir geschwiegen? Warum habe ich geschwiegen und habe nicht den Mut gehabt, hier vorzutreten und zu sagen: Genossen, das, das und das ist nicht so. Ich habe vor dem Feind – das möchte ich hier sagen, nicht um mich herauszustellen – Mut gezeigt. Ich war an der Front, das wißt ihr. Ich bin Mitstreiter in der Sowjetarmee gewesen. Aber hier habe ich diesen Mut nicht gezeigt. Ich habe in den Korridoren diskutiert, aber hier an dieser Tribüne und auf dieser Tribüne war der Moritz Mebel mit Kritik und positiver Kritik nicht zu hören. Und ich muß euch sagen – ich stehe ja nun nicht mehr am Anfang meines Lebens –, das ist eine Bürde, an der ich ganz schwer zu knabbern habe. Ich möchte von niemandem hier sozusagen bemitleidet werden, das hat ein Kommunist nicht nötig. Aber ich möchte versichern, daß ich in Zukunft, solange ich diesem Zentralkomitee angehöre und der Partei dienen kann, immer dem von mir und von uns gemeinsam hier beschlossenen Programm dienen werde. Ich hoffe, und ich bin davon überzeugt, wenn wir in einer ernsten Stunde zusammenrücken – und das ist sehr wichtig –, und ich darf euch versichern, ich habe jetzt in den letzten Tagen im Ausland, aber auch hier bei uns in der Republik viele Diskussionen gehabt: Die Partei steht zu uns, die Partei erwartet das Wort, und ich möchte sagen, Egon, das, was du hier gesagt hast, das ist das, was die Partei erwartet, und ich hoffe nur, daß ohne Abstriche das, was du gesagt hast, veröffentlicht wird. Ich danke euch. (Starker Beifall)

Biographisches

1923	am 23. Februar in Erfurt geboren Volksschule Erfurt
1932	Emigration mit Mutter und Schwester nach Moskau. Der Vater kommt im März 1933 nach.
1940	Abitur
1940	Medizinstudium am 1. Moskauer Medizinischen Institut
1941	Oktober bis März 1947 Dienst in den Streitkräften der Roten Armee
1943	Mitglied der KPdSU
1945	Dienst in der SMAD im Regierungsbezirk Halle-Merseburg
1947	Fortsetzung des Studiums in Moskau
1951	Beendigung des Medizinstudiums in Moskau, ärztliche Tätigkeit im Kreiskrankenhaus Keila (Estland)
1954	bis 1958 Aspirant am Lehrstuhl für Urologie des Zentralinstituts für Ärztliche Fortbildung Moskau
1958	Abschluß als Facharzt für Urologie, Promotion zum Dr. med.
1958	bis 1960 wissenschaftlicher Assistent an der Chirurgischen Klinik der Charité der Humboldt-Universität zu Berlin
1960	Oberarzt der Urologischen Abteilung des Städtischen Hufeland-Krankenhauses (in dieser Zeit tierexperimentelle Untersuchungen zum Harnleiterersatz)
1963	November Dr. med. habil. Habilitationsschrift:

	»Überbrückung totaler Harnleiterdefekte mit einem Beitrag über eine neue Operationsmethode«
bis 1981	Chefarzt der Urologischen Klinik und Poliklinik des Städtischen Krankenhauses Berlin-Friedrichshain
1962	seit Juni Aufbau des ersten Nierentransplantationszentrums in der DDR und einer Forschungsabteilung, die sich mit Problemen der Organ-, insbesondere der Nierentransplantation befaßte
1966	Berufung zum Professor mit Lehrauftrag Urologie an der Charité
1967	erste erfolgreiche Nierentransplantation (in Zusammenarbeit mit den Professoren Harald Dutz und Otto Prokop)
1967	bis 1990 Leiter des wissenschaftlichen Forschungsprojektes »Chronische Niereninsuffizienz«
1967	bis 1977 Leiter des Lehrstuhls für Urologie an der Akademie für Ärztliche Fortbildung der DDR
1972	Wahl zum Kandidaten des ZK der SED
1973	Juni Wahl zum Korrespondierenden Mitglied der Akademie der Wissenschaften der DDR, zwei Jahre später Wahl zum Ordentlichen Mitglied
1977	Berufung zum Ordentlichen Professor für Urologie an der Charité. Gleichzeitig Leitung der Urologischen Poliklinik und der Abteilung für Organtransplantation an der Charité
1981	Direktor der Urologischen Klinik und Poliklinik sowie Leiter der wissenschaftlichen Forschungsabteilung der Charité
1983	bis 1990 Vorsitzender der DDR-Sektion des IPPNW (»Ärzte der DDR zur Verhütung eines Nuklearskrieges«)
1984	ausländisches Mitglied der Akademie der Medizinischen Wissenschaften der UdSSR
1986	Mitglied des ZK der SED
1988	Emeritierung
1992	Ausländisches Mitglied der Russischen Akademie der Medizinischen Wissenschaften

178 wissenschaftliche Veröffentlichungen; Beteiligung u. a. am »Handbuch für allgemeine und spezielle Urologie« in 11 Bänden, am »Handbuch Chirurgische Operationslehre«, Monographien zur Organtransplantation.

Mitgliedschaft in zahlreichen internationalen medizinischen Gesellschaften. Gründungsmitglied der Europäischen Gesellschaft für Urologie 1972.

Orden des Roten Sterns der Sowjetunion, Orden des Vaterländischen Krieges in Gold, Verdienter Arzt des Volkes der DDR, Nationalpreis 1. Klasse (im Kollektiv), Banner der Arbeit, Karl-Marx-Orden.

Ausbildung von Studenten und Fachärzten für Urologie. Unter Mebels Leitung haben 16 Ärzte erfolgreich habilitiert.

Hans-Dieter Schütt

Die Erotik des Verrats

Gespräche mit Frank Castorf

157 Seiten, Broschur, 19,80 DM
ISBN 3-320-01916-3

Der Künstler, der wie kein anderer Publikum polarisiert, gibt Auskunft über seine ästhetischen Auffassungen und die philosophischen Quellen seiner Weltsicht. Er erweist sich als schlagfertiger, gewitzter und genauer Denker, dessen Beobachtungen und Analysen aufstören und Lust am Widerstand entfachen.

Frank Castorf über: Rote Feuerwehren unterm Weihnachtsbaum. Qualitäten von Helmut Kohl. Gysis Unterhosen. Blutbad mit Hochhuth. Punks und Vopos. Hunni und die Ratten. DDR-Bürger im Unterholz. Strohhütchenträger aus Wandlitz. IM als Theaterkritiker. Aristokratie in Anklam. Ein Schuß Amazonas am Prenzlauer Berg. Schnittchenholer in Husum. Baudrillard und Nietzsche. Bierseidelwerfen unter Stones-Klängen. Die neue Internationale des Hasses. Stalin und Millowitsch.

Karl Dietz Verlag Berlin
Weydingerstraße 14-16
10178 Berlin

Hans-Dieter Schütt

Stein des Anstoßes

Gespräche mit Alfred Hrdlicka

157 Seiten, 2 Abbildungen, Broschur, 19,80 DM
ISBN 3-320-01934-1

Er schlägt rechts und zeichnet links. Er ist ein begnadet direkter Rhetoriker. Er schürt geradezu Mißverständnisse – um sein Publikum zweckdienlich zu spalten. Der Wiener Bildhauer Alfred Hrdlicka, Steinarbeiter und selber Urgestein, wollte einen »Schreibtischtäter« vor dem Berliner Reichstag aufstellen, er legte sich mit Wolf Biermann an, als der Gysi beschimpfte, er sieht die deutsche Wiedervereinigung von „verlogener Geschichtsschreibung“ begleitet.

Schütt hat Hrdlicka, einen der letzten großen Streiter dieses Jahrhunderts, in Wien besucht und längere Gespräche mit dem vitalen Künstler geführt – über den Sinn des Daseins und den Tod, über ein Leben in Wien und die Schrecken des Jahrhunderts, über Ideentreue und Stalinismus, über Marx und Jesus Christus, über Feindschaften und Freundschaften.

Karl Dietz Verlag Berlin
Weydingerstraße 14-16
10178 Berlin

Hans-Dieter Schütt

Das *halb*starke Lachen

Gespräche mit Gisela Oechelhaeuser

159 Seiten, Broschur, 19,80 DM
ISBN 3-320-01950-3

Die Prinzipalin des Berliner Kabarett-Theaters „Distel" ist die große Ausnahme unter den Frauen des deutschen Kabaretts. Sie ist laut, sie kann derb und häßlich werden – ohne dies alles je wirklich zu sein.

In den Gesprächen mit Hans-Dieter Schütt über Selbstbewußtsein und Pferdehintern, Freiheit und Frühstücken zu zweit, die Gotteslästerung CDU und sündige Fresken im Vatikan, Gerhard Polt und Dieter Hildebrandt, Spannung in der Kunst und Trost im Kabarett besticht die Oechelhaeuser durch gedankliche Präzision und zweckdienliche Zuspitzung.

Karl Dietz Verlag Berlin
Weydingerstraße 14-16
10178 Berlin